全国一级建造师执业资格考试辅导试卷

巅峰冲刺训练

建设工程经济模拟试卷

2017版

全国一级建造师执业资格考试用书

严格依据最新教材大纲编写

刘 戈 李国强／主编

中国环境出版社 • 北京

图书在版编目（CIP）数据

建设工程经济模拟试卷 / 刘戈，李国强主编. —北京：中国环境出版社，2017.4
全国一级建造师执业资格考试辅导试卷·巅峰冲刺训练
ISBN 978-7-5111-3129-4

Ⅰ. ①建… Ⅱ. ①刘…②李… Ⅲ. ①建筑经济—资格考试—习题集 Ⅳ. ①F407.9-44

中国版本图书馆 CIP 数据核字（2017）第 070437 号

出 版 人　王新程
责任编辑　孙　莉
责任校对　尹　芳
封面设计　彭　杉

出版发行　中国环境出版社
（100062　北京市东城区广渠门内大街 16 号）
网　　址：http://www.cesp.com.cn
电子邮箱：bjgl@cesp.com.cn
联系电话：010-67112765（编辑管理部）
发行热线：010-67125803，010-67113405（传真）
印　　刷　北京中科印刷有限公司
经　　销　各地新华书店
版　　次　2017 年 4 月第 1 版
印　　次　2017 年 4 月第 1 次印刷
开　　本　8
印　　张　9.5
字　　数　200 千字
定　　价　30.00 元

本书编委会

主　编　刘　戈　李国强

副主编　韩庆娟　王　强　章　波　刘天磊
付新生　高　勇　吴苏琴

前　言

为帮助考生在临考前进行自我检测和强化训练，保障考生顺利通过考试，大立教育与建造师考试领域的权威专家通力合作，编写了本套《全国一级建造师执业资格考试辅导试卷·巅峰冲刺训练》丛书试卷。本套丛书试卷是作者们总结应试、培训的经验，在把握历年命题方向和规律的基础上，严格按照最新考试大纲和考试教材的知识点要求编写而成。本套丛书试卷共分5个科目，包括《建设工程项目管理模拟试卷》《建设工程法规及相关知识模拟试卷》《建设工程经济模拟试卷》《建筑工程管理与实务模拟试卷》和《机电工程管理与实务模拟试卷》。

本套丛书试卷与《全国一级建造师考试大纲》及大立教育组织编写的《高分攻略》互为补充，环环相扣，各具特色，可以分别满足考生在不同阶段的复习需要。本套丛书试卷所具有的特点如下：

源于教材，高于教材——本套丛书试卷所有内容紧扣最新考试大纲和考试教材，经过分析最近几年的考题，总结出了命题规律，提炼了考核要点。丛书试卷体例的整体结构设置合理，旨在指导考生梳理和归纳核心知识，掌握考试教材的精华。

彻悟教材，拓展思维——针对考试中经常涉及的重点、难点内容，力求阐述精练，解释清晰，并对重点、难点进行深层次的拓展讲解和思路点拨，能有效地帮助考生掌握基础知识并获得高分。

命题严谨，难度适中——以考试重点、难点为主线，按照最新考试大纲公布的考试题型、题量、分值和难度命题，每个科目为考生精心编写了6套模拟试题，为考生提供考前检验复习效果的良好素材。

答案准确、解析翔实——答案经过多次细心核对，最大程度保证答案的正确性。同时，书中对每道题目都进行了全面、深入、细致地解析，力争帮助考生举一反三、触类旁通。

将本套丛书试卷与《全国一级建造师考试大纲》及大立教育组织编写的《高分攻略》配合使用，可以帮助考生加深对考试内容的理解和掌握，使考生达到事半功倍的复习效果。本套丛书试卷在编写过程中，虽经多次校核，但由于作者水平有限，书中仍难免有不妥甚至疏漏之处，恳请广大读者批评指正。

大立教育教学研究中心

2017年5月

目 录

2017 版全国一级建造师执业资格考试
《建设工程经济》
模拟试卷（一）

一、单项选择题（共 60 题，每题 1 分。每题的备选项中，只有 1 个最符合题意）

1. 一般来说，在保证功能和质量、不违反劳动安全与环境保护的原则下，（　　）应是选择新技术方案的主要原则。

A. 先进适用　　B. 经济合理

C. 技术可靠　　D. 客观科学

2. 价值工程对象的“功能”是指研究对象的（　　）。

A. 质量和效率　　B. 功用和用途

C. 制造成本　　D. 技术水平

3. 某工程施工现在有两个对比技术方案。方案一是过去曾经应用过的，需投资 120 万元，年生产成本为 32 万元；方案二是新技术方案，需投资 160 万元，年生产成本为 26 万元。设基准投资收益率为 12%，则该新技术的增量投资收益率为（　　）。

A. 10%　　B. 15%

C. 20%　　D. 25%

4. 双方承担确定时期的有关义务，不得任意终止或取消合约，属于设备的（　　）。

A. 购买　　B. 租赁

C. 融资租赁　　D. 经营租赁

5. 某企业欲引进生产线，预计年产量为 800 万件。若引进甲生产线，其固定成本为 400 万元，单位产品可变成本为 0.6 元；若引进乙生产线，其固定成本为 500 万元，单位产品可变成本为 0.4 元，则（　　）。

A. 应该引进甲生产线　　B. 应该引进乙生产线

C. 甲乙生产线都不引进　　D. 无法判断引进哪一条生产线

6. 某租赁公司出租给企业一台设备，租金按照年金法计算，折现率 10%，租期 5 年，设备价格 100 万元，那么企业年初支付租金和年末支付租金的差额为（　　）万元。

A. 2.4　　B. 2.2

C. 2.3　　D. 2.0

7. 在进行设备租赁与设备购置的选择时，设备租赁与购置的经济比选是互斥方案的优选问题。寿命期相同时，可以采用的比选尺度是（　　）。

A. 净现值指数　　B. 内部收益率

C. 投资回收期　　D. 净现值

8. 某公司 2016 年度工程结算收入 3 000 万元，管理费用 200 万元，财务费用 100 万元，营业税金及附加 2 300 万元，其他业务收入 200 万元，投资收益 150 万元，营业外收入 100 万元，营业外支出 80 万元，所得税 100 万元。则企业的营业利润为（　　）。

A. 500 万元　　B. 520 万元

C. 670 万元　　D. 750 万元

9. 设备磨损的类型中，（　　）的程度与使用强度和使用时间长度有关。

A. 第一种有形磨损　　B. 第二种有形磨损

C. 第一种无形磨损　　D. 第二种无形磨损

10. 某承包商于 2015 年 5 月签订了一个大楼的施工合同，合同总金额 5 000 万元，2016 年年底完工。2015 年年底已经确认合同收入 800 万元，那么 2016 年应该确认的合同收入是（　　）。

A. 4 000 万元　　B. 500 万元

C. 800 万元　　D. 4 200 万元

11. 技术方案融资前进行经济效果评价应编制的财务报表是（　　）。

A. 投资现金流量表　　B. 项目资本金现金流量表

C. 投资各方现金流量表　　D. 财务计划现金流量表

12. 某人若 10 年内每年年末存款 2 000 元，利率 6%，按照复利计算，第 10 年年末本利和为（　　）。

A. 20 000 元　　B. 21 200 元

C. 26 362 元　　D. 27 943 元

13. 如果每年年初存款 1 000 元，年利率 12%，复利半年计息一次，第 5 年年末的本利和为（　　）。

A. 5 637 元　　B. 6 353 元

C. 7 189 元　　D. 13 181 元

14. 下列费用中，应计入固定成本的是（　　）。

A. 折旧费　　B. 包装费

C. 原材料费　　D. 燃料、动力费

15．某企业按 2/10、n/30 的信用条件购入 20 万元的建筑材料，如果该企业在 10 天内付款，则获得的折扣为（　　）。

A．0.2 万元　　B．0.4 万元

C．0.6 万元　　D．2.0 万元

16．下列属于会计的基本职能的是（　　）。

A．预测　　B．决策

C．核算　　D．评价

17．若企业的资产按购置时所付出的代价的公允价值计量，则根据会计计量属性，该资产计量属于按（　　）计量。

A．重置成本　　B．可变现净值

C．公允价值　　D．历史成本

18．以下费用与成本的关系不正确的是（　　）。

A．费用与成本都是企业为达到生产经营目的而发生的支出

B．体现为企业资产的减少或负债的增加

C．体现为企业资产的增加或负债的减少

D．成本是按一定对象所归集的费用，是对象化了的费用

19．某施工企业在承担某商业大楼建设过程中，可计入主营业务收入的是（　　）。

A．工程结算收入　　B．脚手架出租收入

C．建筑材料销售收入　　D．提前竣工投产利润分成收入

20．根据我国《企业会计准则》，利润总额的计算公式为（　　）。

A．营业利润+营业外收入−营业外支出

B．营业收入−营业成本+营业外收支净额

C．营业利润+投资收益+营业外收支净额

D．营业利润+投资收益

21．反映企业一定时期经营成果的财务报表是（　　）。

A．资产负债表　　B．现金流量表

C．所有者权益变动表　　D．利润表

22．下列不属于企业持有的现金的是（　　）。

A．银行汇票　　B．银行存款

C．银行本票　　D．短期债券

23．计算资金成本时，筹资费用一般作为（　　）进行处理。

A．筹资数额的扣除　　B．资金占用费的增加

C．资金占用费的减少　　D．筹资数额的增加

24．甲企业 2008 年引入一条生产线，使用 3 年后大修了一次。累计使用 6 年后出现了更为先进的生产线，但是原生产线还是大修了一次继续使用了 3 年后报废了。那么该生产线的自然寿命为（　　）。

A．9 年　　B．3 年

C．6 年　　D．5 年

25．某设备目前的实际价值为 20 万元，预计残值为 2 万元，第 1 年设备运行成本为 1 600 元，假设每年设备的劣化增量是均等的，年劣化值为 400 元，则此设备的经济寿命是（　　）。

A．10 年　　B．20 年

C．30 年　　D．40 年

26．某新建项目，建设期为 2 年，从银行贷款 900 万元，其中第 1 年 300 万元、第 2 年 600 万元。若年利率为 6%，则该项目估算的建设期利息为（　　）万元。

A．18.00　　B．37.08

C．45.54　　D．54.00

27．某国际工程投标过程中，投标人员在复核工程量时发现土方部分的工程量计算存在较大误差，以下采取的做法正确的是（　　）。

A．按自己核算的正确的工程量计算报价，并在投标函中予以说明

B．按谁有利的原则选择招标文件的工程量或自己核算的工程量报价

C．按招标文件的工程量填报自己的报价，并在投标函中予以说明

D．按招标文件的工程量和自己核算的工程量分别报价并加以说明

28．因发包人违约解除合同，发包人应支付价款的原则不包括（　　）。

A．发包人暂停向承包人支付任何价款

B．按照由于不可抗力解除合同的规定向承包人支付各项价款

C．按合同约定核算发包人应支付的违约金

D．给承包人造成损失或损害的索赔金额费用

29．在标价计算之前要对工程所在国的市场、政治、经济环境进行调查，下列选项不属于该调查范畴的是（　　）。

A．政局的稳定性　　B．当地的法律法规

C．附近公共基础设施　　D．工程市场的情况

30．关于单价合同中工程量计算的说法，以下正确的是（　　）。

A．单价合同应予计量的工程量是承包人实际施工的工程量

B．承包人因自身原因造成返工的工程量应予计量

C．工程计量应以设计图纸为依据

D．承包人为保证工程质量超过图纸要求的工程量应予计量

31．根据《建设工程工程量清单计价规范》（GB 50500—2013），当承包人投标报价中材料单价高于基准单价时，施工期间材料单价跌幅以（　　）为基础，超过合同约定的风险幅度值的，其超过部分按实调整。

A．投标报价　　B．实际单价

C．招标控制价　　D．基准单价

32．某项目，在建设期初的建筑安装工程费为 1 000 万元，设备工器具购置费为 800 万元，项目建设期为 2 年，每年投资额相等，建设期内年平均价格上涨率为 5%，则该项目建设期的涨价预备费为（　　）万元。

A．50.00　　B．90.00

C．137.25　　D．184.50

33．某工业建设项目，需进口一批生产设备，CIF 价为 200 万美元，银行财务费费率为 0.5%，外贸手续费费率为 1.5%，进口关税税率为 22%，增值税税率为 17%，美元对人民币汇率为 1∶6.3，则该设备应缴纳的增值税为（　　）万元人民币。

A．282.20　　B．261.32

C．349.93　　D．41.48

34．根据合同约定，发包人认为由于承包人的原因造成发包人的损失，宜按承包人索赔的程序进行索赔。当合同中对此未做具体约定时，发包人应在确认索赔事件发生后的（　　）天内向承包人发出索赔通知，否则，承包人免除该索赔的全部责任。

A．14　　B．21

C．28　　D．42

35．根据《建设工程价款结算暂行办法》（财建〔2004〕369 号），包工包料的工程原则上预付款比例下限为（　　）。

A．合同金额（扣除暂列金额）的 20%　　B．合同金额（扣除暂列金额）的 10%

C．合同金额（不扣除暂列金额）的 20%　　D．合同金额（不扣除暂列金额）的 10%

36．安全文明施工的措施必须在施工前予以保证。因此，发包人应在工程开工后的 28 天内预付不低于当年施工进度计划的安全文明施工费总额的（　　）。

A．30%　　B．50%

C．60%　　D．80%

37．某进口设备装运港船上交货价为 200 万美元，国外运费为 10 万美元，国外运输保险费为 6.5 万美元，外贸手续费率为 1.5%，美元兑人民币的汇率为 1∶6.85。则该进口设备的到岸价为（　　）万元人民币。

A．1 438.50　　B．1 460.08

C．1 483.03　　D．1 505.27

38．根据《建设工程工程量清单计价规范》（GB 50500—2013），某土方工程，业主方提供的清单工程量为 3 951 m^3。施工企业预计的实际施工量为 7 902 m^3，预计完成该分项工程的直接工程费为 115 265.27 元，管理费为 39 190.19 元，利润为 9 221.22 元，不考虑风险费和其他因素，则该分项工程的综合单价应为（　　）元/m^3。

A．94.48　　B．29.17

C．20.71　　D．41.43

39．某工程的合同总价为 4 000 万元，工程预付款为 600 万元，主要材料、构配件所占比重为 60%。则该工程预付款的起扣点为（　　）万元。

A．600　　B．1 000

C．3 000　　D．3 400

40．根据《建设工程工程量清单计价规范》（GB 50500—2013），不应列入规费清单的费用是（　　）。

A．工程排污费　　B．生育保险费

C．环境保护费　　D．住房公积金

41．根据《建设工程工程量清单计价规范》（GB 50500—2013），分部分项工程量清单中所列工程量以形成工程实体为准，按（　　）计算。

A．施工方案计算出来的数值　　B．实际完成的全部工程量

C．工程完成后的净值　　D．工程实体量与耗损量之和

42．国家计量规范规定应予计量的措施项目，其措施项目费的计算公式是（　　）。

A．Σ（措施项目工程量×工料单价）　　B．Σ（措施项目工程量×综合单价）

C．计算基数×费率　　D．Σ（计算基数×费率）

43．国有资金投资的工程建设项目实行工程量清单招标，必须编制（　　）。

A．招标控制价　　B．工程量清单说明

C．最低交易价　　D．招标文件说明

44．按照《建设工程工程量清单计价规范》（GB 50500—2013）投标的工程，不能作为竞争性费用的是（　　）。

A．规费　　B．措施项目费

C．其他项目费　　D．分部分项工程费

45．工程量清单计价模式下，投标人编制施工图预算时采用的工、料、机消耗量反映（　　）。

A．社会平均水平　　B．行业平均水平

C．地区平均水平　　D．投标人自身水平

46．投标人经复核认为招标人公布的招标控制价未按规定编制时，可以在公布后（　　）内投诉；工程造价管理机构复查结论与原公布的招标控制价误差超过（　　）时，应责令招标人改正。

A．2天，±3%　　B．5天，±3%

C．5天，±5%　　D．10天，±5%

47．根据《建设工程工程量清单计价规范》（GB 50500—2013），对于不能计量的措施项目，其价格应采用（　　）计价。

A．单价　　B．总价

C．招标人确定的计价方式　　D．投标人确定的计价方式

48．施工合同履行期间，出现设计图纸与工程量清单对项目特征描述不符的，正确的处理方式是（　　）。

A．按设计图纸施工，不调整价款

B．按设计图纸施工，并重新确定综合单价

C．按工程量清单描述施工，不调整价款

D．按工程量清单描述施工，并调整价款

49．某工程合同规定，期中支付证书的最小付款限额是20万美元，在同一个月内，工程师3日前签署支付证书的金额为30万美元，当日签署支付证书的金额为15万美元。则当月应向承包商支付的工程费用是（　　）万美元。

A．0　　B．15

C．20　　D．30

50．某工程分部分项工程费为400万元。其中，定额人工费为100万元，措施项目费为分部分项工程费的5%，其他项目费为15万元，企业管理费费率为30%，利润率为5%，规费费率为8%，综合计税系数为3.41%。则该工程的招标控制价为（　　）万元。

A．446.00　　B．458.11

C．459.20　　D．500.12

51．施工图预算对施工单位的作用不包括（　　）。

A．投标报价　　B．成本控制

C．建设资金筹措　　D．施工准备

52．在传统计价模式下，编制施工图预算的要素价格是根据（　　）确定的。

A．企业定额　　B．市场价格

C．信息价　　D．预算定额

53．土建工程概算属于概算级次中的（　　）概算。

A．单位工程　　B．单项工程

C．建设项目　　D．分部工程

54．设计概算是设计单位编制和确定的建设工程项目从筹建至（　　）所需全部费用的文件。

A．竣工交付使用　　B．办理完竣工决算

C．项目报废　　D．施工保修期满

55．下列定额中，按照编制单位和适用范围划分的定额类别是（　　）。

A．建筑工程定额　　B．设备安装工程定额

C．建筑安装工程费用定额　　D．企业定额

56．以建筑物或构筑物各个分部分项工程为对象编制的定额是（　　）。

A．施工定额　　B．预算定额

C．概算定额　　D．概算指标

57．建设工程项目开办费包括（　　）。

A．现场勘察费　　B．总部管理费

C．工程辅助费　　D．经营业务费

58．根据《建筑安装工程费用项目组成》，建筑安装工程人工费不包括（　　）。

A．工人计件工资　　B．管理人员计时工资

C．工人加班工资　　D．生产工人津贴

59．下列建设投资中，属于项目静态投资的是（　　）。

A．基本预备费　　B．建设期间新增税费

C．涨价预备费　　D．建设期利息

60．生产性建设工程项目的总投资，包括（　　）和铺底流动资金两部分。

A．设备及工器具投资　　B．建筑安装工程投资

C．流动资金　　D．建设投资

二、多项选择题（共20题，每题2分。每题的备选项中，有2个或2个以上符合题意，至少有1个错项。错选，本题不得分；少选，所选的每个选项得0.5分）

61．利率是各国发展国民经济的重要杠杆之一，决定利率高低的因素包括（　　）。

A．社会平均利润率的高低

B．借出资本风险的大小

C．金融市场上借贷资本的供求情况

D．节约使用资金

E．通货膨胀

62．有关现金流量图绘图规则的说法，以下正确的是（　　）。

A．箭线长短与现金流量数值大小本应成比例

B．现金流量的性质对不同的人而言是相同的

C．对投资人而言，在横轴上方的箭线表示现金流出，即表示费用

D．横轴是时间轴，向右延伸表示时间的延续

E．要正确绘制现金流量图，必须把握好现金流量的三要素，即现金流量的大小、方向和作用点

63．关于基准收益率的概念，以下说法正确的是（　　）。

A．是投资者以动态的观点所确定的、可接受的技术方案最低标准的收益水平

B．是投资资金应当获得的最高盈利率水平

C．是评价和判断技术方案在财务上是否可行和技术方案比选的主要依据

D．基准收益率确定得过高或过低都会导致投资决策的失误

E．基准收益率对技术方案经济效果的评价结论没有直接影响

64．在价值工程中，提高产品价值的途径有（　　）。

A．产品成本不变，提高功能水平

B．产品功能不变，降低成本

C．降低产品成本，提高功能水平

D．产品功能下降，成本提高

E．功能小提高，成本大提高

65．一般来讲，应收账款财务管理中的信用政策包括（　　）。

A．付款期　　B．现金折扣

C．信用期间　　D．折扣

E．信用标准

66．企业在财务报表的显著位置至少应披露的信息有（　　）。

A．编报企业的名称

B．资产负债表日或财务报表涵盖的会计期间

C．人民币金额单位

D．财务报表是合并财务报表的，应当予以标明

E．编报企业的资质

67．关于资产负债表作用的说法，以下正确的是（　　）。

A．能够反映构成净利润的各种要素

B．能够反映企业在某一特定日期所拥有的各种资源总量及其分布情况

C．能够反映企业在一定会计期间现金和现金等价物流入和流出的情况

D．能够反映企业的偿债能力

E．能够反映企业在某一特定日期企业所有者权益的构成情况

68．属于现金等价物的短期投资应满足的条件的是（　　）。

A．期限短　　B．价值大

C．流动性强　　D．变动风险大

E．易于转换为已知金额的现金

69．对于使用寿命有限的无形资产进行摊销时，应涉及（　　）。

A．减值测试　　B．应摊销金额

C．摊销方法　　D．净残值

E．摊销期

70．工程建设投资中，与未来企业生产经营相关的费用包括（　　）。

A．生产准备费　　B．施工准备费

C．联合试运转费　　D．单机试运转费

E．生产家具购置费

71．涨价预备费以（　　）之和为计算基数。

A．建筑安装工程费　　B．设备及工器具购置费

C．工程建设其他费　　D．价格上涨指数

E．建设期

72．下列各项属于措施费的有（　　）。

A．为临时工程搭设脚手架发生的费用

B．为工程建设缴纳的工程排污费

C．为加快施工进度发生的夜间施工费

D．对已完工程进行设备保护而发生的费用

E．施工现场管理人员的工资

73．工程设备是指构成永久工程一部分的（　　）。

A．机电设备　　B．金属结构设备

C．构筑物　　D．仪器设备

E．其他类似设备及装置

74．编制人工定额时，工人工作必须消耗的时间包括（　　）。

A．由于材料供应不及时引起的停工时间

B．工人擅自离开工作岗位造成的时间损失

C．准备工作时间

D．由于施工工艺特点引起的工作中断所必需的时间

E．工人下班前清洗整理工具的时间

75．关于建设工程设计概算，下列说法正确的是（　　）。

A．设计概算投资一般应控制在立项批准的投资控制额以内

B．设计概算批准后如需修改或调整，须经原批准部门重新审批

C．如果设计概算值超过控制额，可以通过修改设计的方式解决

D．如果设计概算值超过控制额，可以申请原批准部门重新立项审批

E．如果设计概算值超过控制额，可以修改投资控制额，并报送原批准部门备案

76．我国目前实行的工程量清单计价采用的是部分费用综合单价，部分费用综合单价中除了综合直接工程费外，还综合了（　　）。

A．规费和税金　　B．利润

C．措施费　　D．一定范围内的风险费用

E．管理费

77．新版《建设工程工程量清单计价规范》具体内容涵盖了工程招投标开始到工程竣工结算办理完毕的全过程，除了工程量清单的编制、招标控制价和投标报价的编制、合同价款的约定、工程计量与价款支付外，还包括（　　）。

A．索赔与现场签证　　B．工程价款调整

C．竣工结算的办理　　D．对工程计价争议的处理

E．项目维修费的标准

78．承发包双方应在合同条款中对一些事项进行约定，这些事项包括（　　）。

A．预付工程款的数额、支付时间及抵扣方式

B．工程计量与支付工程进度款的方式、数额及时间

C．工程量清单的编制依据和编制方法

D．索赔与现场签证的程序、金额确定与支付时间

E．工程竣工价款结算的编制与核对、支付及时间

79．建设工程施工合同根据合同计价方式的不同，一般可以划分为总价合同、单价合同和成本加酬金合同3种类型。具体工程项目选择何种合同计价形式，主要依据是（　　）。

A．设计图纸深度　　B．计价方式

C．工期长短　　D．工程复杂程度

E．工程规模

80．索赔费用的组成中，人工费包括（　　）。

A．增加的管理人员工资　　B．误餐补贴

C．增加工作内容的人工费　　D．停工损失费

E．工作效率降低的损失费

2017版全国一级建造师执业资格考试
《建设工程经济》
模拟试卷（二）

一、单项选择题（共60题，每题1分。每题的备选项中，只有1个最符合题意）

1. 某施工项目现在有2个对比工艺方案，甲方案是过去曾经应用过的，乙方案是新方案，2个方案均不需要增加投资。采用甲方案需固定费用60万元，单位产量的可变费用300元；采用乙方案需固定费用80万元，单位产量的可变费用250元，设生产数量为10 000个单位，运用折算费用法选择方案，则（　　）。

A. 应该采用甲方案

B. 甲乙方案经济效益是相同的

C. 应该采用乙方案

D. 不能判定应该采用哪个方案

2. 关于资金时间价值的说法中，以下不正确的是（　　）。

A. 在工程经济分析时，不需要考虑资金发生的时间

B. 资金运动反映了物化劳动和活劳动的运动过程

C. 在工程经济分析时，要着眼于技术方案资金量的大小

D. 资金是运动的价值

3. 某租赁企业租赁给某公司一台设备，价格68万元，租赁保证金在租赁期满后退还，租期为5年，每年年末支付租金，租赁保证金5万元，担保费4万元，折现率10%，附加率4%，租赁保证金与担保费的资金时间价值忽略不计，每年租赁费用为（　　）。

A. 23.12万元　　B. 23.92万元

C. 24.12万元　　D. 24.92万元

4. 对于承租人来说，设备租赁与设备购买相比的优越性不包括（　　）。

A. 可避免通货膨胀和利率波动的冲击，减少投资风险

B. 设备租金可在所得税前扣除，能享受税费上的利益

C. 在资金短缺的情况下，既可用较少资金获得生产急需的设备，加快技术进步的步伐

D. 设备租赁可以消除一切投资风险

5. 某设备几年前的原始成本是18万元，目前账面价值是10万元，当前该设备的市场价值为6万元，在进行设备更新分析时，该设备的沉没成本是（　　）。

A. 16万元　　B. 10万元

C. 6万元　　D. 4万元

6. 某设备目前的实际价值为8 000元，预计残值800元，第一年设备运行成本600元，每年设备的劣化增量是均等的，年劣化值为300元，则该设备的经济寿命是（　　）。

A. 5.98年　　B. 6.82年

C. 6.92年　　D. 8.02年

7. 技术方案资本金现金流量表的计算基础是（　　）。

A. 工程资本金　　B. 技术方案资本金

C. 工程投资额　　D. 技术方案投资额

8. 某企业2013年新实施技术方案年总成本费用为300万元，销售费用、管理费用合计为总成本费用的15%，固定资产折旧费为35万元，摊销费15万元，利息支出为8万元，则该技术方案的年经营成本为（　　）。

A. 197万元　　B. 220万元

C. 242万元　　D. 250万元

9. 某构件厂生产某种构件，设计年产量为3万件，每件售价为300元，单价产品的变动成本为120元，单件产品营业税及附加为40元，年固定成本为280万元，该构件厂达到设计生产能力时，利润是（　　）。

A. 100万元　　B. 120万元

C. 140万元　　D. 180万元

10. 对于非经营性技术方案，经济效果评价主要分析拟订方案的（　　）。

A. 偿债能力　　B. 财务生存能力

C. 抗风险能力　　D. 盈利能力

11. 某技术方案各年的净现金流量如下图所示，折现率 i=10%，那么该技术方案的财务净现值为（　　）。

A. 237.49万元　　B. 235.87万元

C. 238.49万元　　D. 239.49万元

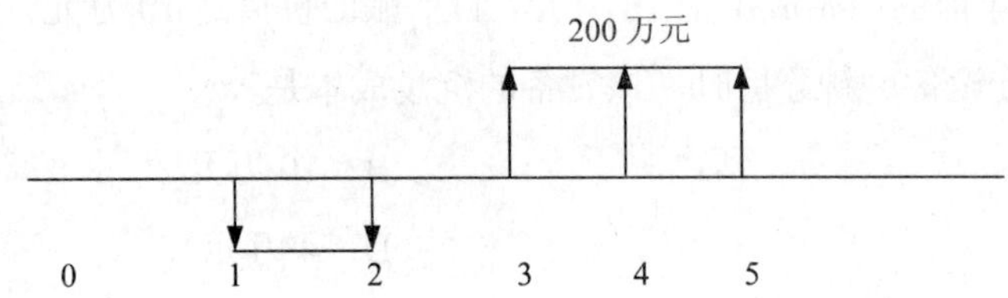

12. 某技术方案寿命期为7年，各年现金流量见下表，该技术方案静态投资回收期为（　　）年。

年末	1	2	3	4	5	6	7
现金流入/万元	—	—	900	1 200	1 200	1 200	1 200
现金流出/万元	800	700	500	600	600	600	600

A．4.4　　B．4.8

C．5.0　　D．5.4

13．在通常情况下，（　　）是利率的最高界限。

A．行业最高利润率　　B．社会最低利润率

C．社会最高利润率　　D．社会平均利润率

14．将技术方案效果评价分为定量分析和定性分析的依据是（　　）。

A．评价方法是否考虑时间因素　　B．评价是否考虑融资分类

C．评价方法是否考虑主观因素　　D．评价方法性质不同

15．某施工企业制定了以下4种现金持有量方案，从成本分析角度来看，该企业的最佳现金持有量为（　　）元。

现金持有量方案	方案一	方案二	方案三	方案四
	60 000	8 000	100 000	110 000
机会成本	6 000	7 000	7 500	8 000
管理成本	3 000	3 000	3 000	3 000

A．60 000　　B．80 000

C．100 000　　D．110 000

16．会计所采用的主要计量尺度是（　　）。

A．实物单位　　B．劳动量单位

C．货币单位　　D．时间单位

17．某施工企业所需要甲材料，年度采购总量为45 000千克，材料单价为500元，一次订货成本为120元，每千克材料的年平均储备成本为1.2元，该批材料的经济采购批量为（　　）。

A．3 000千克　　B．3 500千克

C．4 500千克　　D．6 000千克

18．根据会计核算原则，负债按照市场参与者在计量日发生的有序交易中，所需支付的价格，属于（　　）。

A．现值　　B．公允价值

C．可变现净值　　D．历史成本

19．某企业从银行取得一笔长期借款2 000万元，年利率8%，期限3年，每年年末结息一次，到期一次还本，借款手续费费率0.2%，企业所得税税率25%，则该笔借款的资金成本率为（　　）。

A．6.01%　　B．6.10%

C．8.02%　　D．8.20%

20．补偿性余额是指银行要求借款人在银行中保持按贷款限额或实际借用额的一定百分比计算的最低存款余额，该百分比是（　　）。

A．5%～10%　　B．10%～15%

C．10%～20%　　D．15%～25%

21．某企业年末流动资产合计数为66 000万元，流动负债为32 000万元，该企业流动比率为（　　）。

A．0.08　　B．1.09

C．1.92　　D．2.06

22．企业通过签订建造（施工）合同并按合同要求为客户设计和建造房屋、道路、桥梁、水坝等建筑物以及船舶、飞机、大型机械设备等而取得的收入是（　　）。

A．建造（施工）合同收入　　B．销售商品收入

C．提供劳务收入　　D．让渡资产使用权收入

23．在财务分析方法中，既可以全面分析各因素对经济指标的影响，又可以单独分析某因素对经济指标的影响的分析方法是（　　）。

A．因素分析法　　B．相关比率分析法

C．环比指数分析法　　D．趋势分析法

24．资金占用费是指企业占用资金支付的费用，下列属于资金占用费的是（　　）。

A．银行借款利息　　B．发行债券支付的印刷费

C．代理发行费　　D．广告费

25．某新建项目，建设期为3年，共向银行贷款1 200万元。其中，第1年400万元，第2年500万元，第3年300万元，年利率为5%。则该项目的建设期利息为（　　）万元。

A．54.65　　B．60.00

C．97.65　　D．189.15

26．不属于建造合同分立必备条件的是（　　）。

A．每项资产均有独立的建造计划

B．与客户就每项资产单独进行谈判，双方能够接受或拒绝与每项资产有关的合同条款

C．每项资产的收入和成本可以单独辨认

D．每项资产有关的合同条款不需要同时或一次履行

27．某建设项目设备及工器具购置费为 600 万元，建筑安装工程费为 1 200 万元，工程建设其他费为 100 万元，建设期贷款利息为 20 万元，基本预备费率为 10%，则该项目基本预备费为（　　）万元。

A．120　　B．180

C．182　　D．190

28．某工程在施工过程中，因不可抗力造成损失。承包方依据相关程序及时向项目监理工程师提出了索赔，下列索赔成立的是（　　）。

A．承包方受伤人员医药费、补偿金 5 万元

B．承包方自有施工机具损坏损失 12 万元

C．施工机具闲置、施工人员窝工损失 6 万元

D．工程清理、修复费用 3.5 万元

29．按人民币计算，某进口设备离岸价为 1 000 万元，到岸价为 1 050 万元，银行财务费为 5 万元，外贸手续费为 15 万元，进口关税为 70 万元，增值税税率为 17%，不考虑消费税和海关监管手续费，则该设备的抵岸价为（　　）万元。

A．1 260.00　　B．1 271.90

C．1 321.90　　D．1 330.40

30．国际工程投标报价程序中，为了便于准确计算投标报价，并为今后在施工中测量每项工程量提供依据，投标人应当进行的工作是（　　）。

A．分包工程询价

B．出席标前会议

C．对工程项目业主进行调查

D．工程量复核

31．某项目设备工器具购置费为 2 000 万元，建筑安装工程费为 1 500 万元，工程建设其他费为 500 万元，基本预备费为 200 万元，涨价预备费为 100 万元，建设期贷款利息为 120 万元，铺底流动资金为 100 万元，则该项目的静态投资为（　　）万元。

A．4 000　　B．4 200

C．4 300　　D．4 420

32．发包人未按合同约定时间对承包人提交的已完工程量报告进行核实的，则应（　　）。

A．要求承包人重新申报已完工程量报告

B．将计量报告中所列的工程量视为承包人实际完成的工程量

C．指令监理工程师确定承包人的完成量

D．将计量报告中所列的工程量的 80%视为承包人实际完成的工程量

33．已知某分项工程的基本用工量为 0.677 工日，超运距用工量 0.02 工日，辅助用工量 0.08 工日，人工幅度差系数取 10%，则预算定额中该分项工程的人工消耗量指标为（　　）工日。

A．0.745　　B．0.767

C．0.833　　D．0.855

34．某采用工程量清单计价的招标工程，工程量清单中挖土方的工程量为 2 500 m^3，投标人甲根据其施工方案估算的挖土方工程量为 4 400 m^3，人工、材料及施工机具使用费总和为 76 000 元，管理费为 18 000 元，利润为 8 000 元，不考虑其他因素，则投标人甲填报的综合单价应为（　　）元/m^3。

A．37.60　　B．29.23

C．40.80　　D．23.18

35．各种承包商人员在报价编制过程中有不同的作用，其中负责对施工方法、资源需求和各项施工作业的大概时间提出建议的是（　　）。

A．现场人员　　B．计划人员

C．承包商高级管理人员　　D．市场人员

36．根据施工合同，承包商为监理工程师提供现场宿舍的费用在月度计量时宜按照（　　）计量。

A．均摊法　　B．凭据法

C．图纸计量法　　D．估价法

37．发承包双方应在合同中约定提前竣工每日历天应补偿的额度，此项费用应作为增加合同价款列入（　　）。

A．投标文件　　B．竣工结算文件

C．招标文件　　D．合同文件

38．某施工项目，生产工人年平均管理费为 9 000 元，年有效施工天数为 300 天，人工单价为 40 元/日，每日机械使用费为 60 元，人工费占分部分项工程费的比例为 30%，则以人工费为计算基础的企业管理费费率为（　　）。

A．25%　　B．30%

C．43.33%　　D．75%

39．国家计量规范规定应予计量的措施项目，其措施项目费的计算公式是（　　）。

A．Σ（措施项目工程量×工料单价）

B．Σ（措施项目工程量×综合单价）

C．计算基数×费率

D．Σ（计算基数×费率）

40．建设工程项目招标控制价的编制主体是（　　）。

A．项目监理机构

B．项目建设主管部门

C．招标人或受其委托的工程造价咨询人

D．工程所在地政府造价管理机构

41．某包工包料工程合同总金额为1 000万元，工程预付款的比例为20%，主要材料、构件所占比重为50%，按起扣点基本计算公式，则工程累计完成至（　　）万元时应开始扣回工程预付款。

A．600　　B．200

C．400　　D．800

42．工程量清单应由具有编制招标文件能力的（　　）编制。

A．投标人　　B．招标人

C．承包人　　D．评标机构

43．根据《建设工程工程量清单计价规范》（GB 50500—2013），在没有专门说明时，所有清单项目的工程量以（　　）为准。

A．工程净量加上合理损耗　　B．实体工程量

C．实体工程量加上辅助工程量　　D．实体工程量扣除必要的损耗

44．关于传统计价模式的说法，以下正确的是（　　）。

A．工程预算定额、间接费的内容和取费标准都统一规定

B．工程预算定额统一规定、间接费项目和标准市场确定

C．工程消耗量、间接费的内容统一规定，价格和取费市场调节

D．工程量消耗量统一规定，间接费和取费标准、价格市场决定

45．工程量清单计价模式下，工程量计算规则是（　　）统一的。

A．全国　　B．地区

C．部门　　D．企业

46．施工图预算对施工单位的作用不包括（　　）。

A．投标报价　　B．成本控制

C．建设资金筹措　　D．施工准备

47．已知某材料的定额消耗量100 m^3，其中损耗量为20 m^3，则该材料的损耗率为（　　）。

A．20%　　B．25%

C．16.6%　　D．15%

48．关于设计概算的说法，以下错误的是（　　）。

A．设计概算是制定和控制建设投资的依据

B．设计概算是编制建设计划的依据

C．设计概算是向银行贷款的依据

D．设计概算可分为建筑单位工程概算、设备及安装单位工程概算和工程建设其他费用概算三级

49．设计概算是在（　　）基础上编制的工程造价文件。

A．规划设计　　B．方案设计

C．初步设计　　D．施工图设计

50．某建设项目概算由三级概算组成，其中单项工程概算等于（　　）。

A．其所属单位工程概算之和

B．其所属建筑工程和安装工程概算之和

C．其所属单位工程概算和流动资金之和

D．其所属建筑工程、安装工程和工程建设其他费用之和

51．预算定额是以（　　）为对象编制的。

A．同一性质的施工过程一工序　　B．建筑物或构筑物各个分部分项工程

C．扩大的分部分项工程　　D．独立的单项工程或完整的工程项目

52．某建筑工程分部分项工程费100万元，其中定额人工费占分部分项工程造价的15%。措施费以分部分项工程费为计费基础，其中安全文明施工费费率为1.5%，其他措施费费率合计1%。其他项目费合计8万元，规费费率为8%，税率为3.41%，则该工程招标控制价为（　　）万元。

A．111.7　　B．115.51

C．114.01　　D．122.54

53．材料消耗定额是指在合理和节约使用材料的条件下，生产单位合格产品所必须消耗的一定规格的材料、成品、半成品和水、电等资源的（　　）标准。

A．数量　　B．质量

C．单价　　D．总价

54. 施工定额研究的对象是（　　）。

A. 工序　　B. 整个建筑物

C. 扩大的分部分项工程　　D. 分部分项工程

55. 建筑安装工程费不包括（　　）。

A. 建筑工程费　　B. 安装工程费

C. 场地平整费　　D. 工程设计费

56. 在编制设备及安装工程概算时采用了预算单价法，以下说法正确的是（　　）。

A. 当初步设计的设备清单不完备，或仅有成套设备的重量时宜采用预算单价法

B. 当初步设计的设备清单不完备，或扩大综合单价不全时宜采用预算单价法

C. 预算单价法是根据计算的设备安装工程量乘以安装工程预算单价，经汇总求得的

D. 用预算单价法编制概算时，精确性较低

57. 施工现场按规定缴纳的工程排污费属于（　　）。

A. 建筑安装工程措施费　　B. 建筑安装工程直接工程费

C. 建筑安装工程规费　　D. 建设单位管理费

58. 拟建一个年产 10 万吨的某日用品生产系统，在该项目建议书阶段的投资估算为 6 000 万元，则该投资估算的误差应控制在（　　）以内。

A. ±30%　　B. ±20%

C. ±10%　　D. ±5%

59. 生产性建设工程项目投资中的积极部分是指（　　）。

A. 设备及工器具投资　　B. 安装工程投资

C. 工程建设其他费用　　D. 建筑工程投资

60. 工程变更包括工程量变更、工程项目的变更、进度计划的变更、施工条件的变更等。如果按照变更的起因划分，变更的种类有很多，但不包括（　　）。

A. 承包人的变更指令（承包人修改施工方案、承包人对项目进度有了新的认识等）

B. 由于设计错误，必须对设计图纸作修改

C. 由于产生了新的技术和知识，有必要改变原设计、实施方案或实施计划

D. 法律法规或者政府对建设工程项目有了新的要求

二、多项选择题（共 20 题，每题 2 分。每题的备选项中，有 2 个或 2 个以上符合题意，至少有 1 个错项。错选，本题不得分；少选，所选的每个选项得 0.5 分）

61. 下列费用中，属于建设项目投资中工程建设其他费用的有（　　）。

A. 施工企业管理费　　B. 建设单位管理费

C. 勘察设计费　　D. 土地使用费

E. 基本预备费

62. 下列属于建设投资的是（　　）。

A. 设备及工器具购置费　　B. 建筑安装工程费

C. 工程建设其他费用　　D. 流动资金

E. 建设期利息

63. 按费用构成要素，建筑安装工程费的组成项目包括（　　）。

A. 人、料、机费　　B. 企业管理费

C. 措施费　　D. 利润和税金

E. 规费

64. 涨价预备费的计算基数，通常包括（　　）。

A. 建筑安装工程费　　B. 设备工器具购置费

C. 工程建设其他费　　D. 建设期利息

E. 铺底流动资金

65. 人工定额按标定对象的不同，可分为（　　）。

A. 时间定额　　B. 单项工序定额

C. 产量定额　　D. 综合定额

E. 分部工程定额

66. 材料消耗量定额，按其使用性质、用途和用量大小分为（　　）。

A. 主要材料　　B. 周转性材料

C. 辅助材料　　D. 装饰材料

E. 零星材料

67. 编制材料消耗定额时，材料净用量确定方法有（　　）。

A. 理论计算法　　B. 测定法

C. 图纸计算法　　D. 定额估价法

E. 经验法

68. 关于建设工程设计概算的作用，下列说法正确的是（　　）。

A. 设计概算是制定和控制建设投资的依据

B. 设计概算是编制建设计划的依据

C. 设计概算是进行贷款的依据

D. 设计概算是签订工程总承包合同的依据

E. 设计概算是制定设计方案的依据

69．当建设项目只有一个单项工程时，单项工程概算包括（　　）。

A．建筑工程概算　　B．设备及安装工程概算

C．建设期利息概算　　D．预备费概算

E．索赔费用概算

70．关于施工图预算对工程造价管理部门的作用，下列选项正确的是（　　）。

A．控制施工成本的依据　　B．监督检查执行定额标准的依据

C．合理确定工程造价的依据　　D．测算造价指数的依据

E．审定招标工程标底的依据

71．财务会计提供会计信息、反映企业整体经营状况的主要对象是（　　）。

A．企业投资者　　B．债权人

C．政府部门　　D．企业内部管理者

E．社会公众

72．会计计量属性主要包括（　　）。

A．经营成本　　B．重置成本

C．可变现净值　　D．现值

E．公允价值

73．按经济内容和性质，费用可以划分为（　　）。

A．购置劳动对象的费用　　B．购建劳动资料的费用

C．支付职工薪酬的费用　　D．生产费用

E．期间费用

74．费用可能表现为（　　）。

A．资产的增加　　B．负债的减少

C．所有者权益减少　　D．资产的减少和负债的增加

E．资源的流入

75．在融资租赁费用中，有些费用项目是可以在税前列支的，这些费用项目主要包括（　　）。

A．利息　　B．手续费

C．设备折旧费　　D．管理费

E．保险费

76．关于企业净资产收益率指标的说法，以下正确的有（　　）。

A．该指标反映了企业偿付到期债务的能力

B．指标值越高，说明企业盈利能力越好

C．指标值越高，表明资产的利用效率越高

D．该指标是企业本期利润总额和净资产的比率

E．该指标反映企业全部资产运用的总成果

77．价值工程活动的特点，包括（　　）。

A．要求将功能定量化

B．中心环节是对研究对象进行功能成本核算

C．目的是降低研究对象的成本

D．强调不断改革和创新

E．以集体智慧有组织、有计划、有步骤地开展工作

78．企业在采用经营租赁方式租用设备时需支付租赁费用，构成租赁费用的项目有（　　）。

A．担保费　　B．利息

C．租赁保证金　　D．折旧费

E．租金

79．在技术方案运营期内，总成本费用的构成中其他费用包括（　　）。

A．其他制造费用　　B．其他摊销费用

C．其他管理费用　　D．工资及福利费用

E．其他营业费用

80．对某企业投资的水泥厂项目的技术方案进行经济效果评价，必须进行（　　）。

A．效率分析　　B．财务生存能力分析

C．风险分析　　D．偿债能力分析

E．盈利能力分析

2017版全国一级建造师执业资格考试
《建设工程经济》
模拟试卷（三）

一、单项选择题（共60题，每题1分。每题的备选项中，只有1个最符合题意）

1. 某企业想要从国外引进先进技术，现在有甲乙两个方案可选，引进甲技术的一次性投资为300万元，年生产成本为20万元；引进乙技术的一次性投资为400万元，年生产成本为10万元。设基准投资收益率为6%。则（　　）。

A. 应该选择甲技术

B. 甲乙技术经济效益相同

C. 应该选择乙技术

D. 不能判断应该引进哪种技术

2. 确定价值工程的改进对象中，如果评价对象的价值为最佳，一般无须改进，其功能系数应为（　　）。

A. $V=1$　　　　B. $V<1$

C. $V>1$　　　　D. $V=0$

3. 在对工程甲、工程乙、工程丙、工程丁进行成本评价时，他们的成本改善期望值分别为：$\Delta C_{甲}=-30$，$\Delta C_{乙}=-10$，$\Delta C_{丙}=10$，$\Delta C_{丁}=20$。则优先改进的对象是（　　）。

A. 工程甲　　　　B. 工程乙

C. 工程丙　　　　D. 工程丁

4. 某吊顶工程原设计造价100万元，后经过考虑更换了吊顶材料，既保持了原有的功能，还节省了成本20万元，根据价值工程原理，该方案提高价值的途径是（　　）。

A. 功能提高，成本不变

B. 功能不变，成本减低

C. 功能和成本都提高

D. 功能提高，成本降低

5. 某企业5年前投资6万元购买了一台设备，目前账面价值1.6万元，如果现在出售该设备可得到1万元，该设备还可以使用8年，8年末的估计价值为0.1万元，则该设备的沉没成本为（　　）。

A. 0.6万元　　　　B. 1.6万元

C. 1.0万元　　　　D. 0.1万元

6. 某企业已经实施技术方案年生产成本为120万元，销售费用、管理费用和财务费用合计为总成本费用的20%，固定资产折旧费为20万元，摊销费为8万元，则该技术方案的年经营成本为（　　）。

A. 92万元　　　　B. 116万元

C. 124万元　　　　D. 144万元

7. 将技术方案经济效果评价分为事前评价、事中评价和事后评价的依据是（　　）。

A. 评价方法是否考虑主观因素　　　　B. 评价指标是否能够量化

C. 评价的时间　　　　D. 经济效果评价是否考虑融资的影响

8. 某公司以单利方式一次性借入资金1 500万元，借款期限4年，年利率10%，期满一次还本付息，则第4年年末应偿还的本利和为（　　）万元。

A. 1 950　　　　B. 1 996

C. 2 100　　　　D. 2 196

9. 某银行年贷款利率12%，按季度计息，则年有效利率是（　　）。

A. 12.00%　　　　B. 12.55%

C. 12.68%　　　　D. 16.99%

10. 下列关于现金流量图的表述中，说法错误的是（　　）。

A. 以横轴为时间轴，向右延伸表示时间的延续，轴上每一刻度表示一个时间单位，可取年、半年、季或月等

B. 相对于时间坐标的垂直箭线代表不同时点的现金流量情况，现金流量的性质（流入或流出）是对特定的人而言的

C. 在现金流量图中，箭线长短与现金流量数值不成比例

D. 箭线与时间轴的交点即为现金流量发生的时点

11. 某企业连续3年每年年末存入银行500万元，银行年利率8%，按年复利计算，第3年年末一次性收回本金和利息，则到期可以回收的金额为（　　）万元。

A. 1 623.20　　　　B. 1 040.00

C. 629.86　　　　D. 540.00

12. 在进行盈亏平衡分析中，关于固定成本、可变成本和半可变（或半固定）成本的说法，以下正确的是（　　）。

A. 固定成本是随着产品产量的增减发生变化的各项成本费用

B. 可变成本是随技术方案产品产量的增减而成反比例变化的各项成本

C. 半可变（或半固定）成本是随技术方案产量增长而增长，但不成正比例变化的成本

D. 长期借款利息应视为半可变（或半固定）成本

13. 属于技术方案资本金现金流量表中现金流出的是（　　）。

A. 建设投资　　B. 借款本金偿还

C. 流动资金　　D. 调整所得税

14. 设备在使用过程中，在外力的作用下实体产生的磨损、变形和损坏，称为（　　）。

A. 有形磨损　　B. 无形磨损

C. 经济磨损　　D. 综合磨损

15. 进行设备购置与设备租赁的方案比选，需要分析设备技术风险、使用维修特点，其中对（　　）的设备，可以考虑采用设备租赁的方案。

A. 技术过时风险小　　B. 保养维修简单

C. 保养维修复杂　　D. 使用时间较长

16. 某公司期末会计报表资料，期初总资产 100 万元，期末总资产 120 万元；利润总额 21 万元，所得税费用 1 万元。则公司总资产净利率为（　　）。

A. 16.67%　　B. 16.78%

C. 18.18%　　D. 20.00%

17. 某施工企业 2016 年共实现营业收入 5 000 万元，发生营业成本 3 000 万元，财务费用 400 万元，管理费用 600 万元。根据企业会计准则，当期营业利润应为（　　）。

A. 3 000 万元　　B. 1 000 万元

C. 2 000 万元　　D. 500 万元

18. 企业每一纳税年度的收入总额，按顺序减除（　　）后的余额，为应纳税所得额。

A. 不征税收入、免税收入、各项扣除以及允许弥补的以前年度亏损

B. 免税收入、不征税收入、各项扣除以及允许弥补的以前年度亏损

C. 不征税收入、各项扣除、允许弥补的以前年度亏损以及免税收入

D. 不征税收入、各项扣除、免税收入以及允许弥补的以前年度亏损

19. 某项工程合同总收入为 5 000 万元，到 2016 年年末累计完成工程进度的 60%，已知按完工百分比法确认的至 2015 年年末累计合同收入为 1 000 万元，则 2016 年确认的合同收入是（　　）。

A. 5 000 万元　　B. 3 000 万元

C. 1 000 万元　　D. 2 000 万元

20. 会计的职能中，属于会计基本职能的是（　　）。

A. 预测　　B. 决策

C. 评价　　D. 监督

21. 某施工企业从甲公司处租赁房屋 5 间，当天给甲公司预付了 12 个月的房屋租金 12 000 元，本期列记管理费用的金额为 1 000 元，该处理遵循的是（　　）。

A. 明晰性原则　　B. 配比原则

C. 收付实现制　　D. 权责发生制

22. 能反映企业经营成果的会计要素是（　　）。

A. 收入、费用、利润　　B. 资产、负债、所有者权益

C. 收入、资产、费用　　D. 收入、负债、利润

23. 关于施工企业确定工程成本核算对象的说法，以下正确的是（　　）。

A. 单项建造合同作为施工工程成本核算的对象

B. 工程成本核算对象宜在开工前确定，也可以开工后再确定

C. 不能按分立合同来确定工程成本核算对象

D. 不能按合并合同来确定工程成本核算对象

24. 下列关于趋势分析法，表述错误的是（　　）。

A. 常用的趋势分析法有定基指数和环比指数两种方法

B. 尽量使用反映正常的经营状况的数据，剔除偶发项目的影响

C. 采用该方法，可以分析变化的原因和性质，但不可以用来预测企业未来的发展前景

D. 重点分析某项有显著变化的指标，研究其变动原因，以采取对策，趋利避害

25. 关于项目盈利能力分析的说法中，以下错误的是（　　）。

A. 若财务内部收益率大于或等于基准收益率，方案可行

B. 若投资回收期大于或等于行业标准投资回收期，方案可行

C. 若财务净现值大于或等于零，方案可行

D. 若总投资收益率高于同行业收益率参考值，方案可行

26. 速动比率是指企业的速动资产与流动负债之间的关系。其中，速动资产等于（　　）。

A. 货币资金+短期投资+交易性金融资产+其他应收款

B. 货币资金+应收票据+应收账款+其他应收款

C. 短期投资+应收账款+其他应收款

D. 流动资产−存货

27. 短期负债筹资的特点不包括（　　）。

A. 筹资成本较低　　B. 筹资风险较低

C. 筹资弹性好　　D. 筹资速度快

28．某项目建设期为 2 年，在建设期第 1 年贷款 2 000 万元，第 2 年贷款 3 000 万元，贷款年利率为 8%，则该项目的建设期贷款利息估算为（　　）万元。

A．286.40　　B．366.40

C．560.00　　D．572.80

29．关于流动资产管理的说法，以下正确的是（　　）。

A．现金管理的目标，是要在资产的流动性和盈利能力之间做出抉择，以获取最大的长期利益

B．进行存货管理，目标就是求得利润

C．应收账款管理，目标就是尽力在各种存货成本与存货效益之间做出权衡

D．现金管理只需做好日常收支，加速现金流转速度即可

30．某工程，设备与工器具购置费为 600 万元，建筑安装工程费为 1 000 万元，工程建设其他费为 100 万元，基本预备费率为 10%，该工程项目的基本预备费应为（　　）万元。

A．100　　B．160

C．170　　D．200

31．某进口设备按人民币计算，离岸价为 480 万元，到岸价为 650 万元，银行财务费为 5.5 万元，外贸手续费率为 1.5%，增值税为 156 万元，进口设备检验鉴定费 5 万元，无消费税，进口关税税率为 20%，则进口设备的抵岸价为（　　）万元。

A．781.25　　B．948.70

C．951.25　　D．956.25

32．某当年完工的工程项目，建筑安装工程费 2 000 万元，设备工器具购置费 3 000 万元，工程建设其他费 600 万元，涨价预备费率为 3%，建设期贷款利息 180 万元，铺底流动资金 160 万元，则该项目的建设投资为（　　）万元。

A．5 930　　B．5 948

C．6 090　　D．6 108

33．应付票据是企业在延期付款的背景下，进行商品交易时开具的反映债权债务关系的票据，其最长的支付期为（　　）。

A．30 天　　B．3 个月

C．6 个月　　D．1 年

34．斗容量为 1 m^3 正铲挖土机，可挖一类、二类土，装车深度在 1.5 m 内，小组成员 2 人，机械台班产量为 5（定额单位 100 m^3），则挖 100 m^3 的机械时间定额为（　　）台班。

A．0.2　　B．0.3

C．0.4　　D．0.5

35．某工程合同总额为 1 000 万元，工程预付款为 150 万元，采用从未完施工工程尚需的主要材料及构件的价值相当于工程预付款数额时起扣的方式，主要材料、构件所占比重为 50%。如果以前已支付工程进度款 600 万元，本月应付工程进度款 200 万元，则实际支付工程款（　　）万元。

A．200　　B．150

C．100　　D．50

36．某工程合同总额 400 万元，工程预付款为合同总额的 15%，主要材料、构件占合同总额的 50%，则工程预付款的起扣点为（　　）万元。

A．100　　B．150

C．280　　D．200

37．根据发包人与承包人签订的施工合同，某分项工程为招标工程量为 3 000 m^3，单价为 200 元/m^3，合同约定，实际工程量与招标工程量偏差超过 10%时可进行调价，调整系数为 0.9 或者 1.1，该项工程实际工程量为 2 600 m^3，则总价应为（　　）万元。

A．46.8　　B．52.0

C．57.2　　D．60.0

38．下列固定资产折旧方法中，属于加速折旧方法的是（　　）。

A．平均年限法　　B．工作量法

C．双倍余额递减法　　D．里程法

39．某工程原定 2016 年 10 月 20 日竣工，因承包人原因，致使工程延至 2016 年 11 月 20 日竣工，但在 2016 年 11 月因法规的变化导致工程造价增加 200 万元，工程合同价款应（　　）。

A．不予调整　　B．调增 100 万元

C．调增 160 万元　　D．调增 200 万元

40．某公司 2016 年 10 月份发生人工费 25 万元，材料费 60 万元，机械费 5 万元。履约担保费 5 万元。则根据企业会计准则，该项成本是（　　）。

A．30 万元　　B．65 万元

C．90 万元　　D．95 万元

41．下列建设投资构成要素中，属于项目静态投资部分的是（　　）。

A．基本预备费　　B．流动资金

C．涨价预备费　　D．建设期利息

42．估算建设项目总投资时，设备购置费按照设备原价或进口设备（　　）加上运杂费计算。

A．装运港船上交货价　　B．到岸价

C. 离岸价　　D. 抵岸价

43. 国产标准设备的原价，一般按（　）计算。

A. 带有备件出厂价　　B. 定额估价法

C. 系列设备插入估价　　D. 不带备件出厂价

44. 施工项目部对进场建筑材料进行一般鉴定检查所发生的费用属于（　）。

A. 建筑安装工程管理费　　B. 工程建设其他费用

C. 建筑安装工程措施费　　D. 研究试验费

45. 施工企业为职工缴纳工伤保险发生的费用应计入（　）。

A. 措施费　　B. 规费

C. 企业管理费　　D. 人工费

46. 普工的最低日工资单价不得低于工程所在地人力资源和社会保障部门所发布的最低工资标准的（　）倍。

A. 1.3　　B. 1.5

C. 2.0　　D. 3.0

47. 在其他项目费中，竣工结算时需要按照双方签证计算的是（　）。

A. 总承包服务费　　B. 专业工程金额

C. 计日工　　D. 索赔

48. 下列定额中，（　）是建设工程定额中分项最细、定额子目最多的一种定额，也是建设工程定额中的基础性定额。

A. 预算定额　　B. 施工定额

C. 概算定额　　D. 概算指标

49. 人工定额（劳动定额）是指在（　）施工技术和组织条件下，完成单位合格产品所必需的人工消耗量标准。

A. 科学的　　B. 先进的

C. 正常的　　D. 平均的

50. 设计概算分级中，不包括（　）。

A. 建设项目总概算　　B. 单项工程概算

C. 单位工程概算　　D. 分部分项工程概算

51. 设计概算是设计单位编制和确定的建设工程项目从筹建至（　）所需全部费用的文件。

A. 竣工交付使用　　B. 办理完竣工决算

C. 项目报废　　D. 施工保修期满

52. 采用定额单价法编制施工图预算时，出现分项工程的主要材料品种与预算单价或地区单位估价表中规定的材料不一致时，正确的处理方式是（　）。

A. 不可以直接套用预算单价，应根据实际使用材料编制补充单位估算表

B. 直接套用预算单价，不考虑材料品种差异的影响

C. 直接套用预算单价，根据实际使用材料对材料数量进行调整

D. 不可以直接套用预算单价，应根据实际使用材料价格换算分项工程预算单价

53. 关于施工图预算与施工方投标报价关系的说法，以下正确的是（　）。

A. 施工图预算与投标报价没有联系

B. 施工图预算是编制投标报价的基础

C. 施工图预算是在传统计价模式下的报价

D. 施工图预算由建设单位编制，投标报价由施工单位编制

54. 当建设工程条件相同时，用同类已完工程的预算或未完但已经过审查修正的工程预算审查拟建工程的方法是（　）。

A. 标准预算审查法　　B. 筛选审查法

C. 对比审查法　　D. 全面审查法

55. 根据《建设工程工程量清单计价规范》（GB 50500—2013），工程量清单可以由（　）编制。

A. 招投标管理部门认可的代理机构

B. 具有相应资质的工程造价咨询人

C. 具有招标代理资质的中介机构

D. 项目管理公司合同管理机构

56. 工程量清单作为招标文件的组成部分，其完整性和准确性应由（　）负责。

A. 监理人　　B. 招标人

C. 招投标管理部门　　D. 投标人

57. 根据《建设工程工程量清单计价规范》（GB 50500—2013），十二位分部分项工程量清单项目编码中，由工程量清单编制人设置的是第（　）位。

A. 三至四　　B. 五至六

C. 七至九　　D. 十至十二

58. 对于国有资金投资的建设工程招标，下列说法错误的是（　）。

A. 招标人必须编制招标控制价

B. 招标人可以设标底

C. 招标控制价可适当超过批准的投资概算

D．编制招标控制价作为投标人的最高投标限价

59．对于其他项目费报价，投标人应遵循的原则，以下不正确的是（　　）。

A．计日工由投标人自主确定各项综合单价并计算费用

B．暂列金额应按照其他项目清单中列出的金额填写，可以变动

C．暂估价不得变动和更改

D．总承包服务费应根据投标人的相应内容，由投标人自主确定

60．因修改设计导致现场停工而引起施工索赔时，承包商自有施工机械的索赔费用宜按机械（　　）计算。

A．租赁费　　B．台班费

C．折旧费　　D．大修理费

二、多项选择题（共20题，每题2分。每题的备选项中，有2个或2个以上符合题意，至少有1个错项。错选，本题不得分；少选，所选的每个选项得0.5分）

61．承包人应根据办理的竣工结算文件向发包人提交竣工结算款支付申请。申请应包括的内容是（　　）。

A．竣工结算合同价款总额

B．累计已实际支付的合同价款

C．应预留的质量保证金

D．累计已完成的合同价款

E．实际应支付的竣工结算款金额

62．因发包人违约解除合同时，其计价和支付原则包括（　　）。

A．发包人按照不可抗力解除合同的规定向承包人支付各项价款

B．发包人停止向承包人的任何支付

C．发包人支付违约金和给承包人造成损失、损害的索赔费用

D．承包人已实施的措施项目应付款

E．双方不能协商一致，按合同约定的争议解决方式处理

63．国际工程投标报价的动态分析应考虑的影响因素主要是（　　）。

A．通货膨胀　　B．工期延误

C．物价和工资上涨　　D．施工现场条件变化

E．其他可变因素

64．关于招标控制价的说法，以下正确的是（　　）。

A．国有投资项目必须编制招标控制价

B．招标控制价是投标人的最高限价

C．招标控制价应在招标文件中公布

D．招标控制价在评标过程中可以进行调整

E．招标控制价不允许超过批准的概算

65．建筑安装工程招标投标中，投标人可以作为竞争性费用竞价的有（　　）。

A．人工费　　B．材料费

C．规费　　D．总承包服务费

E．税金

66．关于工程量清单的作用的说法，以下正确的是（　　）。

A．进行工程索赔的依据　　B．建设工程计价的依据

C．签订合同的基础　　D．支付工程进度款的依据

E．办理竣工验收的依据

67．在设置措施项目清单项目时，参考拟建工程的常规施工组织设计可以确定下列项目中的（　　）。

A．材料二次搬运　　B．大型机械设备进出场及安拆

C．文明安全施工　　D．临时设施

E．环境保护

68．采用定额单价法编制施工图预算，计算人、料、机费用时需注意的内容包括（　　）。

A．分项工程的名称、规格、计量单位与定额单价或单位估价表中所列内容完全一致时，可以直接套用定额单价

B．分项工程的主要材料品种与定额单价或单位估价表中规定材料不一致时，需要按实际使用材料价格换算定额单价

C．分项工程施工工艺条件与定额单价或单位估价表不一致而造成人工、机械的数量增减时，一般调量不换价

D．分项工程不能直接套用定额、不能换算和调整时，应编制补充单位估价表

E．对计算结果的计量单位进行调整，使之与定额中相应的分部分项工程的计量单位保持一致

69．设备及安装工程概算一般包括（　　）。

A．机械设备及安装工程概算

B．电气设备及安装工程概算

C．热力设备及安装工程概算

D．特殊构筑物工程概算

E．工器具及生产家具购置费用概算

70．根据我国现行《企业会计准则》，应列入流动负债的会计要素有（　　）。

A．应付债券　　B．应收账款

C．短期借款　　D．应付工资

E．存货

71．固定资产的折旧方法包括（　　）。

A．平均年限法　　B．工作量法

C．年数总和法　　D．双倍余额递减法

E．后进先出法

72．按照企业营业收入的主次，收入可分为主营业务收入和其他业务收入，下列各项中属于其他业务收入的有（　　）。

A．施工合同收入　　B．销售原材料的收入

C．代购代销收入　　D．转让技术收入

E．出租包装物收入

73．企业所得税法中所称应纳税所得额，是指企业每一纳税年度的收入总额，减除下列（　　）后的余额。

A．允许弥补的以前年度亏损　　B．免税收入

C．各项扣除项目　　D．不征税收入

E．减免和抵免的税额

74．下列属于财务计划现金流量表构成内容的是（　　）。

A．经营活动净现金流量　　B．投资活动净现金流量

C．筹资活动净现金流量　　D．生产活动净现金流量

E．建设活动净现金流量

75．企业发展能力的指标主要有（　　）。

A．资产负债率　　B．资本积累率

C．存货周转率　　D．流动比率

E．营业增长率

76．融资租赁的租金构成主要包括（　　）。

A．租赁资产的成本　　B．租赁资产的折旧费

C．租赁资产的修理费　　D．租赁资产的成本利息

E．租赁手续费

77．关于有效利率和名义利率关系的说法，以下正确的是（　　）。

A．年有效利率和名义利率的关系实质上与复利和单利的关系一样

B．每年计息周期数越多，则年有效利率和名义利率的差异越大

C．年有效利率一定大于年名义利率

D．计息周期名义利率等于计息周期实际利率

E．在进行经济评价时，可以使用名义利率

78．关于量本利图，以下说法正确的是（　　）。

A．销售收入线与总成本线的交点是盈亏平衡点

B．在盈亏平衡点的基础上，满足设计生产能力增加产销量，将出现亏损

C．产品总成本是固定总成本和变动总成本之和

D．盈亏平衡点的位置越高，适应市场变化的能力越强

E．盈亏平衡点的位置越高，项目投产后盈利的可能性越小

79．对于设备的经济寿命，以下说法正确的是（　　）。

A．是由设备维护费用的提高和使用价值的降低决定的

B．设备使用年限越长，所分摊的设备年资产消耗成本越多

C．年资产消耗成本的降低，会被年度运行成本的增加或收益的下降所抵消

D．设备的经济寿命就是从经济观点确定的设备维修的最佳时刻

E．经济寿命是指设备从投入使用开始，到开始维修所经历的时间

80．对产品进行价值分析，就是使产品每个配构件的价值系数尽可能趋近于 1。为此，确定的改进对象包括（　　）。

A．F_i/C_i 值低的功能　　B．$\Delta C_i=(C_i-F_i)$ 值大的功能

C．复杂的功能　　D．问题多的功能

E．辅助的功能

2017版全国一级建造师执业资格考试
《建设工程经济》
模拟试卷（四）

一、单项选择题（共60题，每题1分。每题的备选项中，只有1个最符合题意）

1. 某设备3年前的原始成本是5万元，目前的账面价值是2万元，现在的净残值为1万元，则该设备目前的价值为（　　）。

A. 1万元　　B. 2万元

C. 3万元　　D. 4万元

2. 根据资源不同，资源税分别实行从价定率和从量定率的办法计算应纳税额，对原油和天然气采用从价定率的方法征税，税率确定为（　　）。

A. 1%～3%　　B. 3%～5%

C. 5%～8%　　D. 5%～10%

3. 在现金流量表的构成要素中，经营成本的计算公式是（　　）。

A. 经营成本=总成本费用−折旧费

B. 经营成本=总成本费用−折旧费−摊销费

C. 经营成本=总成本费用−折旧费−摊销费−利息支出

D. 经营成本=总成本费用−折旧费−摊销费−利息支出−修理费

4. 投标人应填报工程量清单计价格式中列明的所有需要填报的单价和合价，如未填报则（　　）。

A. 投标人应该在开标之前补充

B. 投标人可以在中标后提出索赔

C. 招标人应要求投标人及时补充

D. 招标人可认为此项费用包含在清单中其他单价和合价中

5. 现在对某技术方案进行评价，经过确定性评价得到技术方案的财务内部收益率为18%，然后选择3个主要因素对其进行敏感性分析，当产品价格下降3%、原材料上涨3%、建设投资上涨3%时，内部收益率分别降至8%、11%、9%。那么该技术方案的最敏感因素是（　　）。

A. 建设投资　　B. 原材料价格

C. 产品价格　　D. 财务内部收益率

6. 根据《财政投资项目评审操作规程》（试行）（财办建[2002]619号），投送评审机构评审的项目概算应由项目（）提供。

A. 建设单位　　B. 主管部门

C. 设计单位　　D. 施工单位

7. 某构件厂设计年产销量为6万件，每件售价为400元，单件产品的变动成本为150元，单件产品营业税及附加为50元，年固定成本为300万元。该厂利润达到100万元时的年产量是（　　）。

A. 2万件　　B. 4万件

C. 6万件　　D. 8万件

8. 按现行会计制度及有关规定，存货属于（　　）。

A. 流动负债　　B. 无形资产

C. 流动资产　　D. 其他资产

9. 定额单价法编制施工图预算时，分项工程单价应包括（　　）。

A. 人、料、机费用　　B. 人工、材料费用

C. 工料单价加上管理费用　　D. 工料单价加上利润

10. 如果技术方案没有足够资金支付利息，偿债的风险会很大，常常表现为利息备付率低于（　　）。

A. 3.0　　B. 2.0

C. 1.5　　D. 1.0

11. 对于常规的技术方案，若技术方案的FNPV（18%）＞0，则必有（　　）。

A. FNPV（20%）＞0　　B. FIRR＞18%

C. FIRR＜18%　　D. FNPV（16%）＜0

12. 固定资产折旧影响因素不包括（　　）。

A. 资产原价　　B. 预计净残值

C. 获取方式　　D. 使用寿命

13. 某技术方案投资现金流量的数据如下所示，用该技术方案的静态投资的回收期为（　　）年。

A. 5.0　　B. 5.2

C. 5.4　　D. 6.0

计算期/年	0	1	2	3	4	5	6	7	8
现金流入/万元	—	—	—	800	1 200	1 200	1 200	1 200	1 200
现金流出/万元	—	600	900	500	700	700	700	700	700
净现金流量	0	−600	−900	300	500	500	500	500	500
累计净现金流量	0	−600	−1 500	−1 200	−700	−200	300	800	1 300

14．下列关于企业营业收入的表述中，错误的是（　　）。

A．收入从企业的日常活动中产生，而不是从偶发的交易或事项中产生

B．收入通常表现为资产的增加

C．收入能导致企业所有者权益的减少

D．收入只包括本企业经济利益的流入，不包括为第三方或客户代收的款项

15．某技术方案固定资产投资为 5 000 万元，流动资金为 450 万元，该技术方案投产期利润总额为 900 万元，达到设计生产能力的正常年份年利润总额为 1 200 万元，则该技术方案正常年份的总投资收益率为（　　）。

A．17%　　B．18%

C．22%　　D．24%

16．建造合同收入包括规定的初始收入和（　　）形成的收入。

A．材料销售

B．合同变更、索赔、奖励

C．让渡资产使用权

D．合同变更、劳务作业

17．某企业借贷资金 10 万元，偿还期 5 年，年利率 12%，复利计算，下列还款方式中支付总金额最多的是（　　）。

A．每年年末偿还 2 万元本金和所欠利息

B．每年年末只还利息，第 5 年年末一次性还清本金

C．在 5 年内每年年末等额偿还

D．第 5 年年末一次性还清本息

18．有 4 个借贷方案，甲方案年贷款利率 6.11%，每个季度复利一次；乙方案贷款利率 6%，每季度复利一次；丙方案贷款利率 6%，每月复利一次；丁方案年贷款利率 6%，每半年复利一次，则贷款利率最小的方案是（　　）。

A．甲　　B．丙

C．丁　　D．乙

19．某企业需要钢筋 30 吨，每次进货 5 吨。每次订货的时候要发生差旅费等成本 0.2 万元，订货的固定成本是 0.5 万元。那该企业的订货成本是（　　）。

A．1.7 万元　　B．1.8 万元

C．1.6 万元　　D．1.9 万元

20．利润表是反映企业（　　）的财务报表。

A．一定会计期间资产盈利能力

B．一定会计期间经营成果

C．某一会计时点财务状况

D．一定会计期间财务状况

21．某企业需要一种材料，其单价为 200 元/吨，一次订货总成本为 400 元，每吨材料的平均储备成本为 1 元，已知该材料的经济采购批量为 800 吨，则该企业该种材料的年度采购总量为（　　）吨。

A．2 400　　B．1 600

C．800　　D．400

22．某公司 2016 年共实现营业利润 2 000 万元，营业外收入 1 000 万元，营业外支出 600 万元。根据企业会计准则，该公司当期利润总额为（　　）。

A．1 400 万元　　B．1 600 万元

C．2 400 万元　　D．3 000 万元

23．资产负债表是反映企业在某一特定日期（　　）的报表。

A．财务状况　　B．现金流量

C．经营成果　　D．利润分配

24．（　　）是财务分析的最基本、最重要的方法。

A．因素分析法　　B．趋势分析法

C．比率分析法　　D．水平分析法

25．下列关于速动比率的叙述中，不正确的是（　　）。

A．速动比率是反映企业对短期债务偿付能力的指标

B．速动比率=（流动资产−存货）/流动负债

C．速动资产=货币资金+短期投资+应收账款+其他应收款

D．速动比率越低，说明企业的偿债能力越差

26．买方企业超过折扣期和信用期限，推迟付款获得的信用是（　　）信用。

A．免费　　B．有代价

C．展期　　D．商业

27．在短期银行借款信用条件中，补偿性余额条款是指（　　）。

A．银行通常对借款人规定无担保贷款的最高额

B．借款人要对贷款限额未使用部分向银行支付承诺费

C．借款人在银行中保持按实际借用额的一定比例计算的最低存款余额

D．银行向某些借款人发放贷款时，可能需要抵押品

28．在国际工程投标报价过程中，某分项工程单位工程量的直接费为 20 美元/m^3，整个工程项目的待摊费用、直接费用的分别为 70 万美元和 200 万美元，该分项工程的工程量为 23 万 m^3，则其总价应为（　　）。

A．20 美元　　B．7 美元

C．27 美元　　D．621 万美元

29．在生产性建设工程项目中，（　　）占投资费用的比例大小，意味着生产技术的进步和资本有机构成的程度。

A．工程费用　　B．建筑安装工程费

C．设备及工器具费用　　D．可行性研究费

30．根据发包人与承包人签订的施工合同，某分项工程招标工程量为 3 000 m^3，单价为 200 元/m^3，合同约定，当实际工程量与招标工程量偏差超过 10%时可进行调价，调整系数为 0.9 或者 1.1，该项工程实际工程量为 3 500 m^3，则总价应为（　　）万元。

A．60.080　　B．69.600

C．69.000　　D．77.000

31．下列费用中，属于建设单位管理费的是（　　）。

A．工程监理费　　B．工程招标费

C．环境影响评价费　　D．工程保险费

32．某独立土方工程，招标文件中估计工程量为 1 万 m^3，合同中约定土方工程单价为 20 元/m^3，当实际工程量超过估计工程量 10%，需要调整单价，单价调整为 18 元/m^3。该工程结算时实际完成土方工程量为 1.2 万 m^3，则土方工程款为（　　）万元。

A．21.6　　B．23.6

C．23.8　　D．24.0

33．根据现行规定，人工费是指用于支付（　　）的各项费用。

A．施工现场除机械操作人员以外的所有工作人员

B．施工现场的所有工作人员

C．从事建筑安装工程施工的生产和管理人员

D．从事建筑安装工程施工的生产工人

34．某建设工程施工合同约定，该工程的预付款起扣点的计算：“从未施工工程尚需的主要材料及构件的价值相当于工程预付款数额时扣，从每次中间结算工程价款中，按材料及构件比重扣抵工程价款，至竣工之前全部扣清。”已知合同总额为 525 万元，工程预付款为合同总额的 20%，主要材料、构件所占比重为 50%，则预付款起扣点为（　　）万元。

A．102.0　　B．210.0

C．262.5　　D．315.0

35．下列属于检验试验费用的是（　　）。

A．新结构、新材料的试验费

B．自设试验室进行试验所耗用的材料和化学药品等费用

C．建设单位对具有出厂合格证明的材料进行检验的费用

D．对构件做破坏性试验及其他特殊要求检验试验的费用

36．某斗容量 1 m^3 正铲挖土机的机械台班产量为 4.96（定额单位 100 m^3），小组成员 2 人，则挖 100 m^3 土的人工时间定额为（　　）工日。

A．0.40　　B．0.20

C．2.48　　D．4.96

37．某建设项目，建设期为 2 年，其向银行贷款 1 000 万元，贷款时间和额度为第 1 年 400 万元，第 2 年 600 万元，贷款年利率 6%，建设期不支付利息，则该项目的建设期利息为（　　）万元。

A．12.00　　B．120.00

C．54.72　　D．42.72

38．根据《建筑安装工程费用项目组成》的规定，施工机械在现场进行安装与拆卸所需的人工、材料、机械和试运转费用以及机械辅助设施的折旧、搭设、拆除等费用属于（　　）。

A．施工机具使用费　　B．施工机械使用费

C．安拆费及场外运费　　D．措施项目费

39．某技术方案建设期 3 年，生产经营期 15 年，建设投资 5 500 万元，流动资金 500 万元。建设期第 1 年初贷款 2 000 万元，年利率 8%，贷款期限 5 年，每年复利息一次，到期一次还本付息，该项目的总投资为（　　）万元。

A．6 029　　B．6 800

C．6 599　　D．6 939

40．在建筑安装工程费用中，材料、工程设备自来源地运至工地仓库或指定堆放地点所发生的全部费用属于（　　）。

A．材料原价　　B．运杂费

C．运输损耗费　　D．采购及保管费

41．采用装运港船上交货价的进口设备，货价为 1 000 万元人民币，国外运费为 90 万元人民币，国外运输保险费为 10 万元人民币，进口关税为 150 万元人民币。则该设备的到岸价为（　　）万元人民币。

A．1 090　　B．1 100

C．1 150　　D．1 250

42．某建设项目设备及工器具购置费为 600 万元，建筑安装工程费为 1 200 万元，工程建设其他费为 100 万元，建设期 2 年，则该项目的基本预备费的计算基数应为（　　）万元。

A．1 900　　B．1 200

C．700　　D．1 800

43．建筑安装工程按照工程造价组成划分，属于其他项目费的是（　　）。

A．安全文明施工费　　B．夜间施工增加费

C．二次搬运费　　D．总承包服务费

44．施工企业按照规定标准对采购的建筑材料进行一般性鉴定，检查发生的费用应计入（　　）。

A．材料费　　B．企业管理费

C．人工费　　D．措施项目费

45．根据《建筑安装工程费用项目组成》（建标〔2013〕44 号）的规定，企业为提供预付款担保、履约担保所发生的费用属于（　　）。

A．规费　　B．企业管理费

C．财务费用　　D．企业管理费中的其他

46．根据《建筑安装工程费用项目组成》，工程造价管理机构确定日工资单价时，建筑安装工程普工的最低日工资单价不得低于工程所在地人力资源和社会保障部门所发布的最低工资标准的（　　）倍。

A．1.3　　B．1.5

C．2.0　　D．3.0

47．建设工程定额中分项最细、定额子目最多的定额是（　　）。

A．预算定额　　B．施工定额

C．概算定额　　D．概算指标

48．根据生产技术和施工组织条件，对施工过程中各工序采用一定的方法测出其工时消耗等，再对所获得的资料进行分析，制定出人工定额的方法是（　　）。

A．统计分析法　　B．比较类推法

C．经验估计法　　D．技术测定法

49．测算人工定额时间消耗时，有效工作时间不包括（　　）。

A．基本工作时间　　B．辅助工作时间

C．休息时间　　D．准备与结束工作时间

50．下列选项中，拟定施工的正常条件不包括拟定（　　）。

A．施工作业的性质　　B．施工作业人员的组织

C．施工作业地点的组织　　D．施工作业的方法

51．建设项目总概算是确定整个建设工程项目（　　）的文件。

A．从筹建开始到竣工验收、交付使用所需的全部费用

B．从筹建开始到竣工验收、交付使用所需的工程费用

C．从开工到竣工验收、交付使用所需的全部费用

D．从开工到竣工验收、交付使用所需的工程费用

52．当项目初步设计有详细设备清单时，编制设备安装工程概算宜采用（　　）。

A．预算单价法　　B．扩大单价法

C．概算指标法　　D．投资指标法

53．当项目初步设计达到一定深度，建筑结构比较明确时，宜采用的单位建筑工程概算编制方法是（　　）。

A．预算定额法　　B．概算定额法

C．概算指标法　　D．类似工程预算法

54．采用预算单价法编制施工图预算时，出现分项工程的主要材料品种与预算单价或地区单位估价表中的规定不一致时，正确的处理方式是（　　）。

A．不可以直接套用预算单价，应根据实际使用材料编制补充单位估算表

B．直接套用预算单价，不考虑材料品种差异的影响

C．直接套用预算单价，根据实际使用材料对材料数量进行调整

D．不直接套用预算单价，应根据实际使用材料价格换算分项工程预算单价

55．施工图预算审查时，将分部分项工程的单位建筑面积指标总结归纳为工程量、价格、用工 3 个单方基本指标，然后利用这些基本指标对拟建项目分部分项工程预算进行审查的方法称为（　　）。

A．筛选审查法　　B．对比审查法

C．分组计算审查法　　D．逐项审查法

56．根据《建设工程工程量清单计价规范》（GB 50500—2013），工程量清单编制的说法中，正确的是（　　）。

A．同一招标工程的项目编码不能重复

B．措施项目都应以“项”为计量单位

C．所有清单项目的工程量都应以实际施工的工程量为准

D．暂估价是用于施工中可能发生工程变更时的工程价款调整的费用

57．根据《建设工程工程量清单计价规范》(GB 50500—2013)，采用工程量清单招标的工程，投标人在投标报价时可以作为竞争性费用的是（　　）。

A．安全文明施工费　　B．税金

C．规费　　D．利润率

58．工程预付款的额度最高不得超过（　　）。

A．合同金额（扣除暂列金额）的 20%

B．合同金额（扣除暂列金额）的 30%

C．合同金额（不扣除暂列金额）的 20%

D．合同金额（不扣除暂列金额）的 30%

59．现场签证费用的计价方式中，对于完成合同以外的零星工作，按（　　）。

A．计日工作单价　　B．计日工作调整单价

C．合同中的约定　　D．合同约定的一定比例

60．国际工程投标中，工日基价是指（　　）。

A．国内派出的工人在国内的日工资单价

B．国内派出的工人在项目所在地的日工资单价

C．国内派出的工人和在工程所在国招募的工人每个工作日的平均工资

D．所在国招募工人的日工资市场单价

二、多项选择题（共 20 题，每题 2 分。每题的备选项中，有 2 个或 2 个以上符合题意，至少有 1 个错项。错选，本题不得分；少选，所选的每个选项得 0.5 分）

61．国际工程投标报价时，企业根据自身的优劣势和招标项目的特点来确定报价策略，通常情况下报价可以适当高一些的工程有（　　）。

A．施工条件差的工程　　B．工期要求特别急的工程

C．支付条件不理想的工程　　D．竞争对手很少的工程

E．技术含量不高且一般公司都可以做的工程

62．承包人应在每个计量周期到期后的 7 天内向发包人提交已完工程进度款支付申请，支付申请的内容包括（　　）。

A．累计已完成的合同价款　　B．本周期合计完成的合同价款

C．累计已实际支付的合同价款　　D．本周期合计应扣减的金额

E．合同总价

63．关于预付款的抵扣，下列说法正确的是（　　）。

A．发包人拨付给承包人的工程预付款属于预支的性质

B．在承包人完成金额累计达到合同总价一定比例后，采用等比率方式分期抵扣

C．在承包人完成金额累计达到合同总价一定比例后，采用等额扣款的方式分期抵扣

D．有些工程工期较短、造价较低，可以少扣或不扣

E．工程工期较长，预付款的占用时间很长，根据需要可以少扣或不扣

64．关于发包人支付进度款，下列说法正确的是（　　）。

A．发包人应在收到承包人进度款支付申请后 14 天内，向承包人出具进度款支付证书

B．发包人应在签发进度款支付证书后的 14 天内，向承包人支付进度款

C．发包人未按规定支付进度款的，承包人可催告发包人支付，有权获得延迟支付的利息

D．发包人在付款期满后 7 天内仍未支付，承包人可在付款期满后第 8 天起暂停施工

E．发现已签发的任何支付证书有错、漏或重复的数额，发包人无权予以修正

65．投标价的编制中，关于其他项目费的说法正确的是（　　）。

A．暂列金额应按照招标工程量清单中列出的金额填写，不得变动

B．暂估价可以根据投标人拥有的施工设备、技术水平适当变动和更改

C．暂估价中的材料、工程设备必须按照暂估单价计入综合单价

D．计日工应按照招标工程量清单列出的项目和估算的数量，自主确定各项综合单价并计算费用

E．总承包服务费应根据招标工程量列出的专业工程暂估价内容和供应材料、设备情况按照招标人提出协调、配合与服务要求和施工现场管理需要自主确定

66．根据《建设工程工程量清单计价规范》(GB 50500—2013)，对于不能计量的措施项目（即总价措施项目），措施项目清单中只列出（　　）。

A．项目编码　　B．项目名称

C．项目特征　　D．计量单位

E．工程数量

67．对于工程造价管理部门，施工图预算所起的作用是（　　）。

A．监督检查执行定额标准的依据

B．招标投标的重要基础

C．合理确定工程造价的依据

D．审定招标工程标底的依据

E．测算造价指数的依据

68. 在使用概算指标法编制工程概算时，如果拟建工程在某些方面与概算指标相同或相近，则可以直接套用概算指标编制概算，这些相同或相近的方面包括（　　）。

A. 建筑面积　　B. 建设地点

C. 结构特征　　D. 使用功能

E. 地质及自然条件

69. 关于概算定额，以下说法正确的是（　　）。

A. 概算定额是人工、材料、机械台班消耗量的数量标准

B. 概算定额是在初步设计阶段确定投资额的依据

C. 概算定额和预算定额的项目划分相同

D. 概算定额是在概算指标的基础上综合而成的

E. 概算定额水平的确定应与预算定额的水平基本一致

70. 根据《建筑安装工程费用项目组成》（建标〔2013〕44号），建筑安装工程措施项目费包括（　　）。

A. 环境保护费　　B. 二次搬运费

C. 工程定位复测费　　D. 计日工

E. 已完工程及设备保护费

71. 公司长期债券的发行价格，可能采用（　　）方式。

A. 平价　　B. 溢价

C. 折扣　　D. 折价

E. 包销

72. 对于存货周转率指标，下列表述正确的是（　　）。

A. 反映企业存货资金的周转次数

B. 通常用周转次数和周转天数表示

C. 存货周转率越高，经营效率越高，库存适宜

D. 存货周转率越低，则经营风险越大

E. 存货周转率高，也说明残次品增加，产品滞销

73. 在编制现金流量表的过程中，下列活动中属于筹资活动产生的现金流量的是（　　）。

A. 处置固定资产收回的现金　　B. 收回投资收到的现金

C. 吸收投资收到的现金　　D. 偿付利息支付的现金

E. 取得借款收到的现金

74. 企业提取盈余公积的用途主要有（　　）。

A. 转增资本　　B. 偿还债务

C. 弥补亏损　　D. 转增未分配利润

E. 发放职工补贴

75. 通常情况下，企业应以所订立的单项合同为对象，分别计算各确认收入、费用和利润。其中，合同合并应同时满足的条件包括（　　）。

A. 该组合同按一揽子交易签订

B. 每项资产均有独立的建造计划

C. 该组合同关系密切

D. 该组合同同时或依次履行

E. 该组合同由一个施工企业承包

76. 根据我国现行《企业会计准则》，收益性支出不包括（　　）。

A. 外购材料支出　　B. 非常损失

C. 固定资产盘亏　　D. 管理费用

E. 营业费用

77. 下列成本费用中，属于经营成本的有（　　）。

A. 修理费　　B. 外购原材料费

C. 外购燃料及动力费　　D. 折旧费

E. 利息支出

78. 对设备第二种无形磨损进行补偿的方式有（　　）。

A. 日常保养　　B. 大修理

C. 更新　　D. 经常性修理

E. 现代化改装

79. 在技术方案的经济效果分析中，盈亏平衡分析的固定成本有（　　）。

A. 固定资产折旧费　　B. 无形资产摊销费

C. 计时工资　　D. 计件工资

E. 原材料费用

80. 建设项目财务盈利能力分析中，动态分析指标有（　　）。

A. 财务内部收益率　　B. 财务净现值

C. 总投资收益率　　D. 静态投资回收期

E. 投资收益率

2017版全国一级建造师执业资格考试
《建设工程经济》
模拟试卷（五）

一、单项选择题（共60题，每题1分。每题的备选项中，只有1个最符合题意）。

1. 某企业与开户银行有借款业务，以下是借款合同协议中的相关条款：在正式协议下约定企业的信用额度为200万元；年内企业未使用部分的余额，企业需向银行支付承诺费，承诺费率为1%，企业在银行中保持按贷款限额15%计算的最低存款金额；贷款期内企业需按月等额偿还贷款。上述合同条款中，其中"年内企业未使用部分的余额，企业需向银行支付承诺费，承诺费率为1%"涉及的信用条件是（　　）。

A. 信贷限额　　B. 周转信贷协议

C. 还款方式　　D. 补偿性余额

2. 与资产相关的政府补助以及属于财政扶持而给予的其他形式的补贴等，记作补贴收入，但不列入（　　）。

A. 投资现金流量表　　B. 资本金现金流量表

C. 投资各方现金流量表　　D. 财务计划现金流量表

3. 某企业借贷资金60万元，偿还期为3年，年利率10%，按复利计算，下列还款方式中，支付总金额最多的是（　　）。

A. 每年年末偿还20万元本金和所欠利息

B. 每年年末只偿还所欠利息，第3年年末一次还清本金

C. 在3年中每年年末等额偿还

D. 在第3年年末一次还清本息

4. 已知某技术方案的确定性财务评价结果为：财务净现值6 500万元，内部收益率12%，投资回收期6年。在进行敏感性分析时，评价指标应（　　）。

A. 选择内部收益率和投资回收期

B. 选择投资收益率和财务净现值

C. 选择财务净现值或内部收益率

D. 按实际需要从财务净现值、内部收益率和投资回收期3个指标中选择

5. 为维持技术方案正常运营，应分析短期借款的（　　）。

A. 持续性　　B. 可靠性　　C. 客观性　　D. 科学性

6. 某常规技术方案，FNPV（16%）=160万元，FNPV（18%）=−80万元，则方案的FIRR最可能为（　　）。

A. 15.98%　　B. 16.21%　　C. 17.33%　　D. 18.21%

7. 某技术方案的前6年净现金流量见下表。已知前6年的净现值为14.83万元，i_c=10%，第7年的净现金流量为300万元，则该方案的静态投资回收期和财务净现值分别为（　　）。

现金流量表

计算期/年	0	1	2	3	4	5	6
净现金流量/万元	–	−1 500	400	400	400	400	400

A. 4.75年；314.83万元　　B. 4.25年；168.78万元

C. 4.25年；314.83 万元　　D. 4.75年；168.78万元

8. 某投资方案建设投资（含建设期利息）为8 000万元，流动资金为1 000万元，正常生产年份的净收益为1 200万元，正常生产年份贷款利息为100万元，则投资方案的总投资收益率为（　　）。

A. 13.33%　　B. 14.44%　　C. 15.00%　　D. 16.25%

9. 若已知某技术方案各年的净现金流量，则该技术方案的财务净现值就完全取决于所在技术方案偿债能力分析时，利息备付率是指（　　）。

A. 项目在借款偿还期内，各年可用于还本付息的资金与当期应还本付息金额的比值

B. 项目在借款偿还期内，各年企业可用于支付利息的息税前利润与当期应付利息的比值

C. 项目在借款偿还期内，各年可用于还本付息的资金与当期应付利息的比值

D. 项目在借款偿还期内，各年企业可用于支付利息的息税前利润与当期应还本付息金额的比值

10. 某投资技术方案的年固定成本为400万元，单个产品售价为1 000元，每单个产品的变动成本为450元，且单个产品销售税金及附加为150元，则盈利区为（　　）。

A. 产销量=10 000个　　B. 产销量＜10 000个

C. 产销量＞10 000个　　D. 产销量＞9 500个

11. 技术方案投资中的流动资金是指运营期内长期占用并周转的营运资金，其估算基础是（　　）。

A. 建设投资和建设期贷款利息　　B. 投资风险和基准收益率

C. 经营成本和商业信用　　D. 营业收入和投资

12．某施工企业欲租用一种施工设备。与商家甲谈妥每月租金 2 000 元，并支付了定金 200 元，定金不可退还，此后又与商家乙愿以每月 1 700 元出租同样的设备。如果重新进行租用设备方案的必选，则沉没成本为（　　）元。

A．1 700　　B．1 900　　C．300　　D．200

13．某出租设备价格 50 万元，租期为 5 年，折现率 8%，附加率 4%，采用附加率法计算租金时，则每年租金不能低于（　　）万元。

A．11.2　　B．12.0　　C．14.0　　D．16.0

14．某企业需要某种设备，该设备经济寿命为 7 年，企业与租赁公司商定的融资租赁期限为 4 年，在不考虑物价变动及技术进步因素时，设备租赁与购买方案必选尺度是（　　）。

A．净现值　　B．内部收益率　　C．净年值　　D．投资回收期

15．安全文明施工的措施必须在施工前予以保证。因此，发包人应在工程开工后的 28 天内预付不低于当年施工进度计划的安全文明施工费总额的（　　）。

A．30%　　B．50%　　C．60%　　D．80%

16．原计划用煤渣打一地坪，造价 50 万元以上，后经分析用工程废料代替煤渣，既保持了原有的坚实功能，又节省投资 20 万元，根据价值工程原理提高价值的途径是（　　）。

A．投资型　　B．节约型　　C．双向型　　D．牺牲型

17．某项目施工有两种选择方案，方案 1 采用已有工艺，需要固定投资 80 万元，单位可变费用 350 元；方案 2 为新方案，需要固定投资 100 万元，单位产量的可变费用为 250 元；如果生产产量为 10 000 个单位，则方案 2 的折算费用和适用范围分别是（　　）。

A．300 万元；$Q<2\,000$ 生产单位　　B．330 万元；$Q<2\,000$ 生产单位

C．350 万元；$Q>2\,000$ 生产单位　　D．400 万元；$Q>2\,000$ 生产单位

18．下列施工机械的费用项目中，不能计入施工机械使用费的是（　　）。

A．施工机械年检费　　B．小型施工机械安装费

C．定期保养所用辅料费　　D．机上司机劳动保险费

19．根据会计核算原则，负债按照市场参与者在计量日发生的有序交易中，所需支付的价格属于（　　）。

A．现值　　B．公允价值

C．可变现净值　　D．历史成本

20．对固定资产进行加速计提折旧，应该采用的方法是（　　）。

A．平均年限法　　B．工作台班法

C．年数总和法　　D．工作量法

21．某工程合同总收入 800 万元，本期末累计完成工程进度的 70%，上年年末累计完成工程进度 20%，本期实际收到工程款 300 万元，按完工百分比法计算当期的合同收入是（　　）万元。

A．210　　B．300　　C．400　　D．560

22．企业实现的净利润应按照有关规定进行分配，其分配顺序为（　　）。

①提取法定公积金；②未分配利润；③向投资者分配的利润或股利；④弥补以前年度亏损；⑤提取任意公积金。

A．④→③→②→①→⑤　　B．④→②→①→⑤→③

C．④→①→⑤→③→②　　D．③→②→④→①→⑤

23．企业营业增长率主要反映企业的（　　）。

A．企业盈利能力　　B．企业发展能力

C．企业偿债能力　　D．企业管理效率

24．下列费用项目中，以 FOB 价为计算基础的有（　　）。

A．外贸手续费　　B．银行财务费

C．海关监管手续费　　D．进口关税

25．某施工企业从银行取得一笔借款 500 万元，银行手续费为 0.5%，借款年利率为 8%，期限 2 年，每年计算并支付利息，到期一次还本，企业所得税率为 25%，则在财务上这笔借款的资金成本率为（　　）。

A．8.04%　　B．6.03%　　C．5.28%　　D．7.04%

26．某企业有甲、乙、丙、丁 4 个现金持有方案，各方案的现金持有量依次是 6 000 元、7 000 元、84 000 元、120 000 元。4 个方案的机会成本均为现金持有量的 10%，管理成本均为 24 000 元，短缺成本依次是 8 100 元、3 000 元、2 500 元和 0 元。若采用成本分析模式进行现金持有量决策，该企业应采用（　　）方案。

A．甲　　B．乙　　C．丙　　D．丁

27．应收账款赊销的效果好坏，依赖于企业的信用政策，信用政策不包括（　　）。

A．信用期间　　B．计量标准

C．现金折扣政策　　D．信用标准

28．杜邦财务分析体系中的核心指标是（　　）。

A．销售净利率　　B．净资产收益率

C．总资产净利率　　D．总资产周转率

29．某项目建筑安装工程费，设备及工器具购置费合计为 7 000 万元，建设期 2 年分别投入 4 000 万元和 3 000 万元。建设期内预计年平均价格总水平上涨率为 5%，建设期贷款利息为 735 万元。工程建设其他费用为 400 万元；基本预备费率为 10%，流动资金为 800 万元。则该

项目的建设投资为（　　）万元。

A. 8 140　　B. 9 382.5　　C. 8 940　　D. 9 982.5

30. 下列不属于联合试运转费的是（　　）。

A. 低值易耗品

B. 机械使用费用

C. 试转运所需的原材料、燃料和动力消耗

D. 设备安装调试及试车费

31. 根据设计规定在施工中进行的试验、验证所需费用应列入（　　）。

A. 建设单位管理费　　B. 工程建设其他费用

C. 建筑安装工程间接费　　D. 建筑安装工程其他费用

32.《建设工程工程量清单计价规范》（GB 50500—2013）规定，招标时用于合同约定调整因素出现时的工程材料价款调整的费用应计入（　　）中。

A. 分部分项综合单价　　B. 暂列金额

C. 材料暂估价　　D. 总承包服务费

33. 某施工项目，生产工人年平均管理费为 4 万元，年有效施工天数为 300 天，人工单价为 50 元/天，人工费占分部分项工程费比例为 30%，则企业管理费费率为（　　）。

A. 40%　　B. 50%　　C. 75%　　D. 80%

34. 某建筑工程分部分项工程费 100 万元，其中定额人工费占分部分项工程造价的 15%。措施费以分部分项工程费为计费基础，其中安全文明施工费费率为 1.5%，其他措施费费率合计 1%。其他项目费合计 8 万元，规费费率为 8%，税率 3.41%，则该工程招标控制价为（　　）万元。

A. 111.7　　B. 115.51　　C. 114.01　　D. 122.54

35. 某工种工人，在合理的劳动组织和合理使用材料的条件下，完成单位产品需要的时间构成为：准备与结束时间 0.5 小时、基本工作时间 8 小时、辅助工作时间 2 小时、不可避免的中断时间及工人必需的休息时间 1.5 小时，其人工时间定额为（　　）工日。

A、1.00　　B. 1.25　　C. 1.31　　D. 1.50

36. 采用定额单价法计算工程费用时，若分项工程施工工艺条件与定额单价或单位估价表不一致而造成人工、机械的数量增减时，对定额的处理方法一般是（　　）。

A. 编制补充单价表　　B. 直接套用定额单价

C. 调量不换价　　D. 按实际价格换算定额单价

37. 某工程在施工过程中，因不可抗力造成损失。承包方依据相关程序及时向项目监理工程师提出了索赔，下列索赔成立的是（　　）。

A. 承包方受伤人员医药费、补偿金 5 万元

B. 承包方自有施工机具损坏损失 12 万元

C. 施工机具闲置、施工人员窝工损失 6 万元

D. 工程清理、修复费用 3.5 万元

38. 施工作业过程中，机械的使用和保养的时间应计入施工机械台班使用定额，其时间消耗的性质是（　　）。

A. 与工艺过程特点有关的不可避免的中断工作时间

B. 与机械有关的不可避免的中断工作时间

C. 与工艺过程特点有关的不可避免的无负荷工作时间

D. 与机械有关的不可避免的无负荷工作时间

39. 根据生产技术和施工组织条件，对施工过程中各工序采用一定的方法测出其工时消耗等，再对所获得的资料进行分析，制定出人工定额的方法是（　　）。

A. 统计分析法　　B. 比较类推法

C. 经验估计法　　D. 技术测定法

40. 某市一栋普通办公楼为框架结构 4 000 m^2，人、料、机费用单价为 400 元/m^2，其中，毛石基础为 60 元/m^2。现在某公司拟建另外一栋办公楼为 3 000 m^2，采用钢筋混凝土带形基础为 75 元/m^2，其他结构相同。则该拟建的办公楼人、料、机费用的造价概算适合采用（　　）。

A. 概算定额法　　B. 概算指标法

C. 扩大单价法　　D. 类似工程预算法

41. 某土方工程人、料、机费用为 800 万元，以人、料、机费用为计算基础计算建筑安装工程费，其中企业管理费费率为人、料、机费用的 8%，按人、料、机费用计算的规费费率为 15%，利润率为 7%，税率为 3.4%。则该工程的建筑安装工程含税造价为（　　）万元。

A. 1 067.20　　B. 1 080.10　　C. 1 081.86　　D. 1 099.30

42. 在对某建设项目设计概算审查时，找到了与关键技术基本相同，规模相近的同类项目的设计概算和施工图预算资料，则该建设项目的设计概算最适宜的审查方法是（　　）。

A. 标准审查法　　B. 分组计算审查法

C. 对比分析法　　D. 查询核实法

43. 施工图预算审查方法中，能较快发现问题的一种方法是（　　）。

A. 逐项审查法　　B. 标准预算审查法

C. 分组计算审查法　　D. 筛选审查法

44. 已知某材料的定额消耗量 100 m^3，其中损耗量为 20 m^3，则该材料的损耗率为（　　）。

A. 20%　　B. 25%　　C. 16.6%　　D. 15%

45．根据《建设工程工程量清单计价规范》(GB 50500—2013)，工程量清单可以由（　　）编制。

A．招投标管理部门认可的代理机构

B．具有相应资质的工程造价咨询人

C．具有招标代理资质的中介机构

D．项目管理公司合同管理机构

46．适用于工程量不大，所占费用比例较小的部分分项工程的直接费估算方法是（　　）。

A．作业估计法　B．定额估计法　C．比例估算法　D．匡算估计法

47．根据《建设工程工程量清单计价规范》(GB 50500—2013)，关于工程量清单编制的说法，以下正确的是（　　）。

A．综合单价包括应由招标人承担的全部风险费用

B．招标文件提供了暂估单价的材料，其材料费用应计入其他项目清单费

C．措施项目费包括规费、税金等在内

D．规费和税金必须按有关部门的规定计算，不得作为竞争性费用

48．在编制投标报价前，首先要做的工作是（　　）。

A．安排人力和机械　B．清单工程量的复核

C．选择施工方法　D．准备材料

49．关于合同类型的选择，下列说法错误的是（　　）。

A．选择何种合同计价形式，主要依据设计图纸深度、工期长短、工程规模和复杂程度

B．实行工程量清单计价的工程，应采用单价合同

C．建设规模较大，技术难度高，工期较长的建设工程可以采用总价合同

D．紧急抢险、救灾以及施工技术特别复杂的建造工程可以采用成本加酬金合同

50．某采用工程量清单计价的招标工程，工程量清单中挖土方的工程量为 2 600 m^3，投标人甲根据其施工方案估算的挖土方工程量为 4 400 m^3，直接工程费为 76 000 元，管理费为 18 000 元，利润为 8 000 元，不考虑其他因素，则投标人甲填报的综合单价应为（　　）元/m^3。

A．36.15　B．29.23　C．39.23　D．23.18

51．编制招标控制价时，总承包服务费的计算可参考一些标准，这些标准不包括（　　）。

A．招标人仅要求对发包的专业工程进行总承包管理和协调时，按发包的专业工程估算造价的 1.5%计算

B．招标人要求对发包的专业工程进行总承包管理和协调，并同时要求提供配合服务时，按发包的专业工程估算造价的 3%～5%计算

C．招标人自行供应材料的，按招标人供应材料价值的 1%计算

D．根据分包的专业工程的复杂程度、设计深度、工程环境条件，按照分部分项工程费的 10%～15%计算

52．实行招标的工程合同价款应在中标通知书发出之日起的一定时间内，由承发包双方依据招标文件和中标人的投标文件在书面合同中约定。规定的时间范围是（　　）天。

A．15　B．20　C．25　D．30

53．根据《建设工程工程量清单计价规范》(GB 50500—2013)，关于工程计量的说法，以下正确的是（　　）。

A．发包人应在收到承包人已完成工程量报告后 14 天核实

B．总价合同的工程量必须以原始的施工图纸为依据计量

C．所有工程内容必须按月计量

D．单价合同的工程量必须以承包人完成合同工程应予计量的工程量确定

54．采用清单计价的某分部分项工程，招标控制的综合单价为 320 元，投标报价的综合单价为 265 元，该工程投标报价下浮率为 5%，结算时，该分部分项工程工程量比清单量增加 18%，且合同未确定综合单价调整方法，则综合单价的处理方式是（　　）。

A．上浮 18%　B．下调 5%　C．调整为 292.5 元　D．可不调整

55．根据《建设工程工程量清单计价规范》(GB 50500—2013)，当承包人投标报价中材料单价高于基准单价时，施工期间材料单价跌幅以（　　）为基础，超过合同约定的风险幅度值的，其超过部分按实际调整。

A．投标报价　B．实际单价　C．招标控制价　D．基准单价

56．根据发包人与承包人签订的施工合同，某分项工程招标工程量为 3 000 m^3，单价为 200 元/m^3，合同约定，当实际工程量与招标工程量偏差超过 10%时可进行调价，调整系数为 0．9 或者 1.1，该项工程实际工程量为 3 500 m^3，则总价应为（　　）万元。

A．60.08　B．69.60　C．69.00　D．77.00

57．施工过程中，屋面防水采用 PE 高分子防水卷材（1.5 mm），清单项目中无类似项目，工程造价管理机构发布有该卷材单价为 18 元/m^2，项目所在地该项目定额人工费为 3.80 元，除卷材外的其他材料费为 0.6 元，管理费和利润为 1.2 元，承包人报价浮动率为 6%，则该项目综合单价为（　　）元。

A．22.18　B．23.60　C．25.02　D．26.65

58．某建设项目订购了 50 吨的国产非标准设备，订货价格为 50 000 元/吨，已知设备运杂费率为 8%，采用概算指标法确定该项目的设备购置费的概算价值为（　　）万元。

A．250　B．270　C．305　D．324

59．竣工结算时，关于质量保证金的说法，以下错误的是（　　）。

A．发包人应按照合同约定的质量保证金比例从结算款中预留质量保证金

B．承包人未按照合同约定履行属于自身责任的工程缺陷修复义务的，发包人有权从质量保证金中扣除用于缺陷修复的各项支出

C．在合同约定的缺陷责任期终止后，发包人应按照合同中最终结清的相关规定，将剩余的质量保证金返还给承包人

D．剩余质量保证金的返还，可以免除承包人按照合同约定应承担的质量保修责任和应履行的质量保修义务

60．关于资产负债表说法，以下错误的是（　　）。

A．资产负债表主要内容包括资产、负债和所有者权益

B．资产负债表能够反映企业一定会计期间的经营成果

C．资产负债表能够反映企业的偿债能力

D．资产负债表能反映某一特定日期企业拥有的资源总量

二、多项选择题（共10题，每题2分。每题的备选项中，有2个或2个以上符合题意，至少有1个错项。错选，本题不得分；少选，所选的每个选项得0.5分）

61．某施工企业2014年1月初施工工程生产成本余额为175万元，1月份发生以下支出：施工现场工程施工人员工资30万元，材料费用80万元，机械使用费 65万元，间接费用10万元，1月末工程竣工。则下列表述错误的是（　　）。

A．工程实际成本为350万元

B．工程实际成本为360万元

C．间接费10万元不应计入工程成本中

D．以合同工程为对象归集施工过程中发生的施工费用

E．以上数据来源于施工企业所属各施工单位的“工程成本卡”

62．更新是对整个设备进行更换，属于完全补偿，适用于设备的磨损形式包括（　　）。

A．可消除的有形磨损　　B．第一种无形磨损

C．不可消除的有形磨损　　D．无形磨损

E．第二种无形磨损

63．计算措施项目费时，综合单价法适用于可以计算工程量的措施项目，主要是指一些与工程实体有紧密联系的项目，如（　　）。

A．混凝土模板　　B．脚手架

C．垂直运输　　D．冬雨期施工

E．夜间施工

64．价值工程活动中，通过综合评选出的方案，送决策部门审批后便可实施。为了保证方案顺利实施，应做到4个落实，分别是（　　）。

A．经费落实　　B．物质落实

C．制度落实　　D．时间落实

E．组织落实

65．现金流量表由正表和补充资料两部分组成，其中补充资料有（　　）。

A．将净利润调节为经营活动产生的现金流量

B．汇率变动对现金的影响

C．不涉及现金收支的重大投资和筹资活动

D．现金及等价物净增加额

E．现金及现金等价物净增加情况

66．某人准备在今后7年每年年末存入A元，利率为I，则第8年年末可以得到F的正确表达式是（　　）。

A．$F=A(P/A, I, 7)(F/P, I, 8)$

B．$F=A(P/A, I, 6)(F/P, I, 7)$

C．$F=A(F/A, I, 7)(F/P, I, 1)$

D．$F=A(F/A, I, 6)(F/P, I, 2)$

E．$F=A(F/A, I, 7)$

67．下列短期负债筹资方式中，属于商业信用形式的有（　　）。

A．抵押贷款　　B．预收账款

C．应付账款　　D．商业承兑汇票

E．银行承兑汇票

68．按照投资费用划分，工程定额分为（　　）。

A．人工定额　　B．材料定额

C．施工机具使用定额　　D．建筑工程定额

E．安装工程定额

69．下列属于建设单位管理费的是（　　）。

A．工作人员工资　　B．为职工缴纳的养老保险

C．劳动保护费　　D．工程监理费

E．工程质量监督费

70．新版《建设工程工程量清单计价规范》（GB 50500—2013）具体内容涵盖了工程招投标开始到工程竣工结算办理完毕的全过程，除了工程量清单的编制、招标控制价和投标报价的

编制、合同价款的约定、工程计量与价款支付外，还包括（　　）。

A. 索赔与现场签证　　B. 工程价款调整

C. 竣工结算的办理　　D. 对工程计价争议的处理

E. 项目维修费的标准

71. 下列各项中，以定额人工费为计算基数的是（　　）。

A. 税金　　B. 社会保险费

C. 工程排污费　　D. 住房公积金

E. 计日工

72. 建设工程总概算由（　　）等编制而成。

A. 各单项工程综合概算　　B. 工程建设其他费用概算

C. 经营性项目铺底流动资金概算　　D. 预备费

E. 建设投资

73. 根据《建设工程工程量清单计价规范》(GB 50500—2013)，关于暂列金额的说法中，以下正确的是（　　）。

A. 已签约合同价中的暂列金额由发包人掌握使用

B. 发包人按照合同规定将暂列金额做出支付后，剩余金额归发包人所有

C. 暂列金额是发包人自行采购的材料、工程设备等进行保管以及施工现场管理

D. 暂列金额是施工中可能发生的工程变更、合同约定调整因素出现时的合同价款调整的费用

E. 暂列金额是招标人在工程量清单中暂定并包括在合同价款中的一笔款项

74. 根据《建设工程工程量清单计价规范》(GB 50500—2013)，关于投标人投标报价编制的说法，以下正确的是（　　）。

A. 投标报价应以投标人的企业定额为依据

B. 投标报价应根据投标人的投标战略确定，必要的时候可以低于成本

C. 投标中若发现清单中的项目特征与设计图纸不符，应以项目特征为准

D. 招标文件中要求投标人承担的风险费用，投标人应在综合单价中予以考虑

E. 投标人可以根据项目的复杂程度调整招标人清单中的暂列金额的大小

75. 成本加成合同的结果能够可靠地估计，应同时具备的条件有（　　）。

A. 合同总收入能够可靠地计量

B. 与合同相关的经济利益能够流入企业

C. 实际发生的合同成本能够清楚地区分和可靠地计量

D. 根据合同目前完成情况，足以判断工程进度和工程质量能够达到规定的标准

E. 奖励金额能够可靠地计量

76. 合同履行期间，因人工、材料、工程设备、机械台班价格波动影响合同价款时，计算调整合同价款的方法可以是（　　）。

A. 价格指数调整法　　B. 造价信息差额调整法

C. 价格指数修正法　　D. 合同约定的方法

E. 暂估价法

77. 关于偿债能力指标的说法，以下正确的是（　　）。

A. 速动比率低于1则说明企业偿债能力不强，该指标越低，企业的偿债能力越差

B. 当企业总负债为0，资产负债率为0比较合适，说明企业的偿债能力很强

C. 流动比率应保持在2左右，偏离过大时，说明企业的资产结构不合理

D. 流动比率低于1则说明企业偿债能力不强，该指标越低，企业的偿债能力越差

E. 速动比率应保持在2左右，偏离过大时，说明企业的资产结构不合理

78. 关于设备技术寿命的说法，以下正确的是（　　）。

A. 设备的技术寿命是指设备年平均维修费用最低的使用年限

B. 设备的技术寿命一般长于设备的自然寿命

C. 设备的技术寿命受产品质量和精度要求的影响

D. 设备的技术寿命主要是由设备的有形磨损决定的

E. 一般情况下，科学技术进步越快，设备的技术寿命越短

79. 国际工程投标报价决策的影响因素主要有（　　）。

A. 期望利润　　B. 评标人员的经验

C. 市场条件　　D. 成本估算的准确性

E. 风险偏好

80. 施工企业的工程成本核算对象确定方法主要有（　　）。

A. 对合同分立以确定施工工程成本核算对象

B. 以施工图预算作为施工工程成本核算对象

C. 以单位工程作为施工工程成本核算对象

D. 对合同合并以确定施工工程成本核算对象

E. 以单项施工承包合同作为施工工程成本核算对象

2017版全国一级建造师执业资格考试
《建设工程经济》
模拟试卷（六）

一、单项选择题（共60题，每题1分。每题的备选项中，只有1个最符合题意）

1．建设单位管理费的计算基础是（　　）。

A．直接工程费　　B．建筑工程费

C．工程费用　　D．建安工程费

2．一般经验认为，速动比率为（　　）就说明企业有偿债能力。

A．0.5　　B．0.8

C．1　　D．2

3．发包人未按合同约定时间对承包人提交的已完工程量报告进行核实的，则应（　　）。

A．要求承包人重新申报已完工程量报告

B．将计量报告中所列的工程量视为承包人实际完成的工程量

C．指令监理工程师确定承包人的完成量

D．将计量报告中所列的工程量的80%视为承包人实际完成的工程量

4．现在的500元和第5年年末的852.5元两笔资金价值相等，若利率不变，则这两笔资金在第4年年末的价值情况是（　　）。

A．前者低于后者　　B．前者高于后者

C．两者相等　　D．两者不能比较

5．价值工程与一般投资决策理论不同，强调的是产品的功能分析和（　　）。

A．用途最大　　B．成本最低

C．价值合理　　D．功能改进

6．某企业共有资金200万元，其中债券60万元，长期借款20万元，普通股80万元，留存收益40万元，各种资金的成本分别为：债券6%、长期借款12%、普通股15.5%、留存收益15%，则该企业加权平均的资金成本为（　　）。

A．10.5%　　B．11.8%

C．12.2%　　D．13.5%

7．关于工程计量的原则，以下说法错误的是（　　）。

A．按承包人在履行合同义务过程中实际完成的工程量计算

B．对于不符合合同文件要求的工程，承包人超出施工图纸范围或因承包人原因造成返工的工程量，不予计量

C．若发现工程量清单中出现漏项、工程量计算偏差以及工程变更引起工程量的增减变化，应据实调整，正确计量

D．成本加酬金合同应按总价合同的规定计量

8．根据《建设工程工程量清单计价规范》（GB 50500—2013），十二位分部分项工程量清单项目编码中，由工程量清单编制人设置的是第（　　）位。

A．三至四　　B．五至六　　C．七至九　　D．十至十二

9．对一般附属、辅助和服务工程等项目或投资小、比较简单的工程项目，在编制设计概算时一般采用（　　）。

A．单位工程指标法　　B．概算指标法　　C．概算定额法　　D．类似工程概算法

10．技术经济效果评价环节包括：①收集、估计、测算和选定一系列有关的技术经济数据与参数；②编制各基本财务报表；③熟悉基本情况，做好市场调查研究和预测、技术水平研究和设计方案；④经济效果评价。正确的程序是（　　）。

A．①③②④　　B．③①②④　　C．②①③④　　D．①②③④

11．某生产性建设项目，折算到第1年年末的投资额为4 800万元，第2年年末的净现金流量为1 200万元，第3年年末为1 500万元，自第4年年末开始皆为1 600万元，直至第10年寿命期结束，则该建设项目的静态投资回收期为（　　）年。

A．4.24　　B．4.31　　C．4.45　　D．5.24

12．某技术方案总投资2 500万元，其中资本金1 500万元，运营期年平均利息38万元，年平均所得税60万元。若项目总投资收益率为12%，则项目资本金净利润率为（　　）。

A．16.20%　　B．13.95%　　C．12.15%　　D．13.47%

13．某技术方案的设计年产量8万套，每套售价600元，相应的成本预计数据如下：材料费3 700万元/年；燃料费220万元/年；非计件工资70万元/年；固定资产折旧费260万元/年；无形资产摊销费80万元；长期借款利息30万元/年；办公费110万元/年。不考虑营业税及附加，则该技术方案的盈亏平衡生产能力利用率为（　　）。

A．53.5%　　B．60.2%　　C．62.5%　　D．65.2%

14．在敏感性分析中，下列因素中最敏感的是（　　）。

A．产品价格下降30%，使NPV=0　　B．经营成本上升50%，使NPV=0

C．寿命缩短80%，使NPV=0　　D．投资增加120%，使NPV=0

15. 某投资方案各年的净现金流量如下图所示，已知：基准收益率为10%，(P/A，10%，2) =1.735 5；(P/A，10%，6) =4.355 3 (P/F，10%，2) =0.826 4。计算该方案的财务净现值，并判断方案的经济可行性，最可行的选项是（　　）。

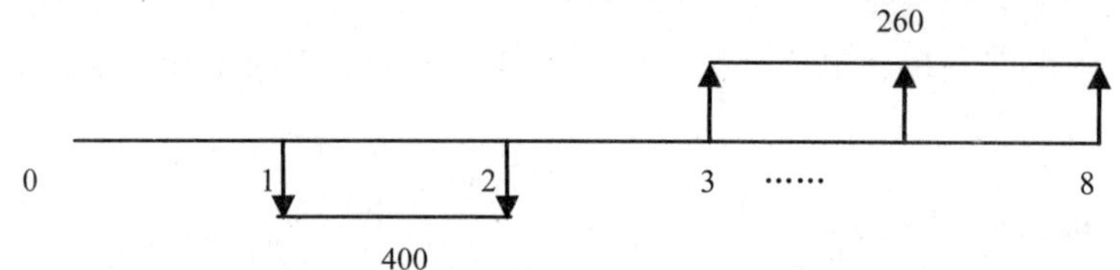

A. 335.8 万元；可行　　B. −125.7 万元；不可行

C. 241.6 万元；可行　　D. 760 万元；可行

16. 某技术方案建设期3年，生产经营期17年，建设投资5 500万元，流动资金500万元。建设期第1年初贷款2 000万元，年利率9%，贷款期限5年，每年付利息一次，到期一次还本付息，该技术方案的总投资为（　　）万元。

A. 6 000　　B. 6 540　　C. 6 590　　D. 7 077

17. 可以采用大修理方式进行补偿的设备磨损是（　　）。

A. 不可消除性有形磨损　　B. 第一种无形磨损

C. 可消除性有形磨损　　D. 第二种无形磨损

18. 设有一台设备，目前实际价值为7 500元，预计残值为800元，第1年的设备运行成本为550元，设备的年劣化值为200元，并且每年设备的劣化增量是均等的，则该设备的经济寿命为（　　）年。

A. 5　　B. 8　　C. 7　　D. 6

19. 经计算旧设备继续使用第1年的年成本为5 500元/年，继续使用第2年的年成本为6 250元/年，继续使用第3年的年成本为7 150元/年；新设备的经济寿命为8年，8年的年平均成本为5 950元/年，则应该（　　）。

A. 立即更换旧设备

B. 继续使用1年后更换旧设备

C. 继续使用2年后更换旧设备

D. 继续使用3年后更换旧设备

20. 下表中应作为价值工程优先改进对象的是（　　）。

	甲	乙	丙	丁
现实成本/元	1 100	2 350	1 450	1 050
目标成本/元	1 000	2 000	1 500	600
功能价值	0.909	0.831	1.089	0.921

A. 甲　　B. 乙　　C. 丙　　D. 丁

21.《建设工程工程量清单计价规范》(GB 50500—2013) 规定：任一计日工项目持续进行时，承包人应在该项工作实施结束后的一定时间内向发包人提交有计日工记录汇总的现场签证报告并一式三份，该时间范围是（　　）小时。

A. 6　　B. 12　　C. 18　　D. 24

22. 在设计时，将人防工程平时当作地下商场或地下停车场，可提高人防工程的功能并增加经济效益。根据价值工程原理，这是采用了（　　）途径提高价值。

A. 双向型　　B. 改进型　　C. 牺牲型　　D. 投资型

23. 某工程现有2个可比方案，方案1是已有技术投资方案，需要投资100万元，年生产成本30万元；方案2是新技术方案，需要投资150万元，年生产成本25万元。当基准投资率为（　　）时，新技术方案在技术上是可行的。

A. 8%　　B. 11%　　C. 12%　　D. 15%

24. 某施工企业从海达公司处租赁房屋5间，并当天给海达公司预付了12个月的房屋租金共12 000元，本期列记管理费用的金额为1 000元，该处理遵循的是（　　）。

A. 明晰性原则　　B. 配比原则

C. 收付实现制　　D. 权责发生制

25. 某出租设备价格75万元，租期为5年，每年年末支付租金，折现率10%，附加率4%，租赁保证金10万元，租赁期届满时退还，担保费共计 5 万元，租赁保证金和担保费的时间价值忽略不计，采用附加率法计算租金时，则每年租赁费用是（　　）万元。

A. 25.5　　B. 26.5　　C. 28.5　　D. 40.5

26. 建筑公司本月购入一台设备，共支付价款及相关税费 11.70 万元。则这笔款项属于（　　）。

A. 营业外支出　　B. 管理费用

C. 资本性支出　　D. 制造费用

27. 以下应该确认为销售商品收入的是（　　）。

A. 已经拿到订单并且收到购货款

B. 购货方租赁售货方仓库存放从售货方处购买的商品

C. 砂石厂售出石子100吨，双方约定一个月后按市场价结算

D. 已经签订销售合同并且购货方支付了货款，20天后交货

28. 某施工企业于2014年1月去外地签订建造合同时，发生差旅费、投标费等相关费用共计5 000元。这些费用应在发生时直接确认为当期的（　　）。

A. 间接费用　　B. 期间费用

C. 生产成本　　D. 直接费用

29. 下列项目属于经营活动产生的现金流量的是（　　）。

A. 支付的借款利息　　B. 从银行取得贷款

C. 支付的所得税款　　D. 收到分来的股利款

30. 为解决一些包干项目或较大工程项目的支付时间过长、影响承包商的流动资金等问题，在工程计量时可以采用（　　）。

A. 图样法　　B. 估价法　　C. 均摊法　　D. 分解计量法

31. 下列各项不属于资金筹集费的是（　　）。

A. 银行的借款手续费　　B. 债券支付的印刷费

C. 股票的股利　　D. 代理发行费

32. 企业在现金管理过程中，提高现金使用效率措施不包括（　　）。

A. 提前支付应付款　　B. 缩短应收账款的时间

C. 合理使用现金浮游量　　D. 保持现金收入与支出的同步

33. 某企业年需要煤炭 1 200 吨，单价为 400 元/人，一次订货成本为 3 000 元，每吨煤炭的年平均储备成本为 80 元，则该企业煤炭的经济采购批量为（　　）吨。

A. 80　　B. 100

C. 200　　D. 300

34. 某新建项目，建设期为 2 年，共从银行贷款 960 万元，每年贷款额相等。贷款年利率为 6%，则该项目建设期利息为（　　）万元。

A. 44.06　　B. 58.46　　C. 88.13　　D. 116.93

35. 进口设备运杂费中，运输费的运输区间是指从（　　）止所发生的费用。

A. 出口国的边境港口或车站至工地仓库

B. 进口国的到岸港口或边境车站至工地仓库

C. 出口国的边境港口或车站至进口国的边境港口或车站

D. 出口国供货地至进口国边境港口或车站

36. 下列不属于经常修理费的是（　　）。

A. 为保障机械正常运转所需替换设备与随机配备工具附具的摊销和维护费用

B. 机械运转中日常保养所需润滑与擦拭的材料费用

C. 机械停滞期间的维护和保养费用

D. 施工机械按规定的修理间隔台班进行必要的修理所需的费用

37. 某机械预算价格为 10 万元，耐用总台班为 4 000 台班，大修理间隔台班为 800 台班，一次大修理费为 4 000 元，则台班大修理费为（　　）元/台班。

A. 2　　B. 3　　C. 4　　D. 5

38. 某施工项目分部分项工程费为 1 200 万元，其中人工费为 450 万元，机械费为 300 万元，可计量的措施项目费为 400 万元，该施工项目的安全文明施工费以人工费和机械费为计算基础，费率为 2%，则该施工项目的安全文明施工费为（　　）万元。

A. 15　　B. 23　　C. 24　　D. 32

39. 下列费用项目中，由建设单位在招标控制价中根据总包服务范围和有关计价规定编制，施工企业投标时自主报价，并计入其他项目清单表中的是（　　）。

A. 暂列金额　　B. 材料暂估价

C. 专业工程暂估价　　D. 总承包服务费

40. 编制砌筑墙体预算定额人工消耗量指标时，基本用工包括（　　）。

A. 砂浆调制用工　　B. 原材料超过定额规定搬运用工

C. 筛砂子用工　　D. 人工幅度差

41. 以建筑物或构筑物各个分部分项工程为对象编制的定额是（　　）。

A. 施工定额　　B. 材料消耗定额

C. 预算定额　　D. 概算定额

42. “利润分配”中分配的是（　　）。

A. 当年净利润　　B. 以前年度净利润

C. 当年利润总额　　D. 当年净利润和以前年度未分配利润

43. 下列损失时间中，定额应给予合理考虑的是（　　）。

A. 施工组织不善引起的时间损失　　B. 水源中断引起的停工时间

C. 材料供应不及时引起的时间损失　　D. 违背劳动纪律引起的时间损失

44. 某电器设备净重 10 吨，每吨设备安装费指标为 100 元，其中人工费为 50 元，该设备的安装费为（　　）元。

A. 500　　B. 800　　C. 1 000　　D. 1 500

45. 在进行施工图预算审查时，利用计算出的底层建筑面积或楼（地）面面积，对楼面找平层、顶棚抹灰等的工程量进行审查，这种审查方法是（　　）。

A. 逐项审查法　　B. 分组计算审查法

C. 对比审查法　　D. 筛选审查法

46. 某学生宿舍建筑面积为 2 400 m^2，按概算指标计算建筑面积的直接费为 850 元/m^2，因设计图纸与所选用的概算指标有差异，每 100 m^2 建筑面积发生了如下表所示的变化，则修正后的单位面积人、材、机三费为（　　）元。

	项目名称	单位	数量	工料单价/元	合价/元
概算指标（换出部分）	A	m^2	80	12	960
	B	m^2	150	6	900
设计规定（换入部分）	C	m^2	65	18	1 170
	D	m^2	45	14	630

A．790.00　　B．849.40　　C．849.98　　D．850.60

47．关于设计概算的说法，以下错误的是（　　）。

A．设计概算是确定和控制建设工程项目全部投资的文件

B．编制设计概算不需考虑建设项目施工条件对投资的影响

C．如果设计概算值超过投资建设额，必须修改设计或重新立项审批

D．设计概算由项目设计单位负责编制，并对其编制质量负责

48．有关杜邦分析法的说法，以下错误的是（　　）。

A．核心指标为总资产净利率

B．将若干财务比率按其内在联系有机结合起来

C．是一个多层次的财务比率分解体系

D．重点揭示企业获利能力及权益乘数对净资产收益率的影响以及各相关指标之间的相互作用关系

49．在下列各项中，（　　）是拨付进度款及办理结算的依据。

A．设计概算　　B．投资估算

C．施工图预算　　D．修正概算

50．招标人编制招标控制价与投标人投标报价的共同基础是（　　）。

A．工料单价　　B．综合单价

C．按拟采用施工方案计算的工程量　　D．工程量清单标明的工程量

51．投标人应填报工程量清单计价格式中列明的所有需要填报的单价和合价，如未填报则（　　）。

A．投标人应该在开标之前补充

B．投标人可以在中标后提出索赔

C．招标人应要求投标人及时补充

D．招标人可认为此项费用包含在清单中其他单价和合价中

52．某采用工程量清单计价的招标工程，工程量清单中挖土方的工程量为 2 500 m^3，投标人甲根据其施工方案估算的挖土方工程量为 4 400m^3，人工、材料及施工机具使用费总和为 76 000 元，管理费为 18 000 元，利润为 8 000 元，不考虑其他因素，则投标人甲填报的综合单价应为（　　）元/m^3。

A．37.60　　B．29.23　　C．40.80　　D．23.18

53．某工程项目所用 B 材料，风险系数为 5%，施工期间实际价格 435 元，基准单价 410 元，投标单价 400 元，则施工期间 B 材料的单价调整为（　　）元。

A．435　　B．410　　C．404.5　　D．407.9

54．关于财务内部收益率的说法，以下正确的是（　　）。

A．财务内部收益率与财务净现值成反比

B．若财务内部收益率小于等于基准收益率，则技术方案在经济上可以接受

C．对某一技术方案，可能不存在财务内部收益率

D．财务内部收益率受众多外部参数的影响

55．对于同类型产品规格多、工序重复、工作量小的施工过程，常用（　　）制定人工定额。

A．技术测定法　　B．统计分析法　　C．比较类推法　　D．经验估计法

56．根据发包人与承包人签订的施工合同，某分项工程招标工程量为 3 000 m^3，单价为 200 元/m^3，合同约定，实际工程量与招标工程量偏差超过 10%时可进行调价，调整系数为 0.9 或者 1.1，该项工程实际工程量为 2 600 m^3，则总价应为（　　）万元。

A．46.8　　B．52.0　　C．57.2　　D．60.0

57．根据《建设工程工程量清单计价规范》（GB 50500—2013），因不可抗力事件导致的损害及其费用增加，应由承包人承担的是（　　）。

A．工程本身的损害　　B．承包人的施工机械损坏

C．发包方现场的人员伤亡　　D．工程所需的修复费用

58．对于施工过程中必须发生，但是在投标时很难具体分项预测并又无法单独列出项目内容的措施项目，如夜间施工费、二次搬运费等，其计价方法可以采取（　　）。

A．分包计价法　　B．实物量计价法

C．参数计价法　　D．测定计价法

59．某工程承包人向发包人递交了 200 万元的进度款支付申请。按照相关规定，关于工程进度款支付的说法，以下正确的是（　　）。

A．发包人应在收到该申请的 15 天内，向承包人支付不少于 180 万元的进度款

B．发包人应在批准该申请的 14 天内，向承包人支付不少于 120 万元的进度款

C．发包人应在收到该申请的 14 天内，向承包人支付不少于 120 万元的进度款

D．发包人应在批准该申请的 15 天内，向承包人支付不少于 180 万元的进度款

60．对一些招标文件，如果发现工程范围不很明确，条款不清楚或很不公正，或技术规范

要求过于苛刻时，在充分估计投标风险的基础上，采用的报价方法是（　　）。

A．不平衡报价法　　B．建议方案报价法

C．多方案报价法　　D．先亏后盈法

二、多项选择题（共20题，每题2分。每题的备选项中，有2个或2个以上符合题意，至少有1个错项。错选，本题不得分；少选，所选的每个选项得0.5分）

61．根据《建设工程工程量清单计价规范》（GB 50500—2013），关于招标控制价的说法，以下正确的是（　　）。

A．招标控制价是对招标工程项目规定的最高工程造价

B．招标控制价超过批准的概算时，招标人应报其原概算审批部门审核

C．国有或非国有资金投资的建设工程招标，招标人必须编制招标控制价

D．招标控制价应在招标文件中公布，在招标过程中不应上调，但可适当下浮

E．投标人的投标报价高于招标控制价时，其投标应按废标处理

62．某企业从银行借入资金150万元，贷款利率5%，期限6个月，到期一次向银行支付利息和本金；同时又从另一家银行借入资金60万元，期限3个月，银行放贷时直接从本金中扣除利息7%。该企业的短期贷款所采用的利息支付方式包括（　　）。

A．收款法　　B．贴现法

C．加息法　　D．加速折旧法

E．等额本金还款法

63．设备购置费中的设备原价是指（　　）的原价。

A．国产标准设备　　B．进口标准设备

C．国产非标准设备　　D．进口非标准设备

E．进口设备

64．甲、乙方案借款的名义利率均为8%，甲方案每季度复利一次，乙方案每半年复利一次。在对甲、乙方案进行分析比较时，应采用的有效利率（　　）。

A．甲方案为8.24%；乙方案为8.16　　B．甲方案为4.04%；乙方案为4%

C．甲方案为2%；乙方案为8%　　D．甲方案为8%；乙方案为4%

E．均为8%

65．关于提前竣工（赶工补偿），赶工费用主要包括（　　）。

A．新增加投入人工的报酬

B．材料提前交货可能增加的费用

C．材料运输费的增加

D．可能增加的管理费

E．可能增加机械设备投入

66．如果某技术方案可行，则一定有（　　）。

A．静态投资回收期大于项目的寿命期

B．财务内部收益率大于或等于基准收益率

C．财务净现值大于或等于零

D．财务净现值大于项目总投资

E．财务内部收益率大于单位资金成本

67．承包人应根据办理的竣工结算文件向发包人提交竣工结算款支付申请。申请应包括的内容是（　　）。

A．竣工结算合同价款总额

B．累计已实际支付的合同价款

C．应预留的质量保证金

D．累计已完成的合同价款

E．实际应支付的竣工结算款金额

68．下列保险费中，属于工程建设其他费的是（　　）。

A．施工管理用财产、车辆保险费

B．进口设备财产保险费

C．人身意外伤害保险

D．失业保险

E．建筑安装工程一切险

69．属于技术方案投资各方现金流量表中现金流出的是（　　）。

A．建设投资　　B．借款本金偿还

C．实缴资本　　D．调整所得税

E．租赁资产支出

70．根据《建设工程工程量清单计价规范》（GB 50500—2013），采用工程量清单招标的工程，投标人在投标报价时不得自主报价的是（　　）。

A．材料暂估价　　B．工伤保险费

C．安全文明施工费　　D．二次搬运费

E．暂列金额

71．按照我国现行《建设工程工程量清单计价规范》（GB 50500—2013）规定，分部分项工程费包括相应的（　　）。

A．企业管理费　　B．利润

C．规费　　D．税金

E．措施项目费

72．分析企业盈利能力时，应当排除以下项目（　　）。

A．证券买卖等非正常经营项目

B．已经或将要停止的营业项目

C．重大事故或法律更改等特别项目

D．会计准则或财务制度变更带来的累积影响

E．大量地使用现金结算的销售

73．采用对比分析法审查设计概算时，通常进行（　　）对比，以便发现问题。

A．建设规模、标准与立项批文

B．关键设备与装置

C．初审、评审与复查

D．工程数量与设计图纸

E．技术经济指标与同类工程

74．根据《建筑工程工程量清单计价规范》（GB 50500—2013），工程量清单计价计算公式正确的是（　　）。

A．措施项目费=Σ措施项目工程量×措施项目综合单价

B．分部分项工程费=Σ分部分项工程量×分部分项工程综合单价

C．单项工程造价=Σ单位工程造价

D．单位工程造价=Σ分部分项工程费

E．建设项目总造价=Σ单项工程造价+工程建设其他费用+建设期利息

75．某施工企业的一台机械设备按工作量法计提折旧。该设备原价 30 000 元，预计净残值率 5%，可工作 500 个台班时数。投入使用后，各年的实际工作台班数为第 1 年 200 个小时，第 2 年 150 个小时，第 3 年 150 个小时。则关于此项业务的表述中，正确的有（　　）。

A．设备单位台班小时折旧额为 57 元

B．第 1 年设备的年折旧额为 12 000 元

C．第 2 年的年折旧额为 8 550 元

D．第 3 年的年折旧额为 9 000 元

E．第 2 年和第 3 年的月折旧额相等

76．某建筑企业与 A 业主签订了一项总造价为 3 000 万元的建造（施工）合同，合同约定建设期为 3 年。第 1 年，实际发生合同成本 750 万元，其中包括 50 万元预付分包工程款，年末预计为完成合同尚需发生成本 1 750 万元；第 2 年的完工进度为 75%，则（　　）。

A．第 1 年的完工进度为 30%

B．第 1 年的完工进度为 28%

C．第 2 年确认的合同收入为 1 350 万元

D．第 2 年确认的合同收入为 1 410 万元

E．第 2 年确认的合同收入为 2 250 万元

77．某施工企业 2016 年 12 月 31 日资产负债表部分项目如下：货币资金 30 万元，存货 150 万元，长期股权投资 300 万元，固定资产 400 万元，应收账款 100 万元。根据企业会计准则及其相关规定，下列各项中属于企业流动资产的是（　　）。

A．货币资金　　B．存货

C．固定资产　　D．应收账款

E．长期股权

78．施工图预算的编制依据包括（　　）。

A．批准的文件、合同、协议等

B．相应预算定额

C．地方政府发布的区域发展规划

D．批准的施工图纸

E．项目的管理模式、发包模式及施工条件

79．根据《建设工程工程量清单计价规范》（GB 50500—2013），关于工程量清单编制的说法，以下正确的是（　　）。

A．同一招标工程的项目编码不能重复

B．措施项目都应该以“项”为计量单位

C．所有清单项目的工程量都应以实际施工的工程量为准

D．暂估价是用于施工中可能发生工程变更时的工程价款调整的费用

E．规费项目清单出现《建设工程工程量清单计价规范》（GB 50500—2013）未列的项目，应根据省级政府或省级有关部门的规定列项

80．拟定机械工作的正常施工条件包括（　　）。

A．确定机械的正常利用系数　　B．施工机械作业方法的拟定

C．工作地点的合理组织　　D．确定配合机械作业的施工小组的组织

E．机械工作班制度

2017 版全国一级建造师执业资格考试
《建设工程经济》
模拟试卷（一）参考答案及解析

一、单项选择题

1．B【解析】本题涉及的考点是选择新技术方案应遵循的原则。一般来说，选择新技术方案时应遵循以下原则：（1）技术上先进、可靠、适用、合理；（2）经济上合理。在保证功能和质量、不违反劳动安全与环境保护的原则下，经济合理应是选择新技术方案的主要原则。故本题选 B。

2．B【解析】价值工程中所述的“价值”是指作为某种产品（或作业）所具有的功能与获得该功能的全部费用的比值。这里的功能是指研究对象的功能，广义地讲是指产品或作业的功用和用途，并不包含规模、质量、技术水平高低等内容。成本，即寿命周期成本，是产品的科研、设计、试验、试制、生产、销售、使用、维修直到报废所花费用的总和，是与功能匹配计算价值的参数。故本题选 B。

3．B【解析】这种考题 2016 年刚考过，必须会做。思路也很简单，成本差额除以投资差额即可。增量投资收益率=（32−26）/（160−120）=15%。故本题选 B。

4．C【解析】本题考核的是设备租赁的概念。租赁双方承担确定时期的租让和付费义务，不得任意终止或取消租约，属于设备的融资租赁。选项 B 相对于选项 C 来说，则不够准确。故本题选 C。

5．B【解析】若采用甲生产线，总成本为 400+800×0.6=880（万元）；若采用乙生产线，总成本为 500+800×0.4=820（万元）。很明显甲的总成本大于乙的总成本，所以应该引进乙生产线。故本题选 B。

6．A【解析】这个题目有一定的难度，根据题目已知条件，年末支付的租金相当于已知 P 求 A，$A=P$（A/P，i，n），P=100（万元），i=10%，n=5，套公式得出 A=26.4（万元）。年初支付租金就是在年末支付的基础上再往前折现 1 年即可，即 26.4/（1+10%）=24（万元），所以差额是 26.4−24=2.4（万元）。故本题选 A。

7．D【解析】互斥方案比较不能用相对值指标，投资回收期是辅助指标；寿命期相同时，可以用净现值或净年值作为评价尺度，寿命期不同时，只能采用净年值。故本题选 D。

8．D【解析】大家注意这种题目，千万不要耗费心力去死记公式，根本记不住。要掌握考试技巧，首先营业利润不包括营业外收入、营业外支出、所得税，先把这 3 个数据排除。剩余的收入或者收益就加上，费用支出就减去。所以这个题目营业利润=3 000−200−100−2 300+200+150=750（万元）。故本题选 D。

9．A【解析】本题涉及的考点是第一种有形磨损。设备在使用过程中，在外力的作用下实体产生的磨损、变形和损坏，称为第一种有形磨损，这种磨损的程度与使用强度和使用时间长度有关。故本题选 A。

10．D【解析】这个题目比较简单，合同总收入是 5 000 万元，既然 2015 年已经给了 800 万元，并且 2016 年全部竣工验收了，那么 2016 年就应该收入 5 000−800=4 200（万元）。故本题选 D。

11．A【解析】经济效果分析可分为融资前分析和融资后分析。一般宜先进行融资前分析，在融资前分析结论满足要求的情况下，初步设定融资方案，再进行融资后分析。融资前分析应考察技术方案整个计算期内现金流入和现金流出，编制技术方案投资现金流量表，计算技术方案投资内部收益率、净现值和静态投资回收期等指标。融资前分析排除了融资方案变化的影响，从技术方案投资总获利能力的角度，考察方案设计的合理性，所以不需要考虑资金来源及资本构成，编制的现金流量表也不用于分析股权投资和不同投资者的收益。只需要按投资总额考虑经济效果即可。故本题选 A。

12．C【解析】这个题目比较简单，就是计算稍微复杂一点。从题目中可知，A=2 000 元，i=6%，n=10，求 F 即可。F=2 000×（F/A，6%，10）=26 362 元。故本题选 C。

13．C【解析】这个题目难度很高。从题目中可知，年利率为 12%，每年年初存款 1 000 元，换算成年末为 1 000×（1+12%）=1 120（元）。1 123.6 元是年金 A，与 A 对应的 i 应该是年实际利率，所以第 5 年年末的 F=1 120×（F/P，12%，5）=7 189（元）。故本题选 C。

14．A【解析】本题涉及的考点是固定成本的内容。固定成本是指在技术方案一定的产量范围内不受产品产量影响的成本，即不随产品产量的增减发生变化的各项成本费用，如工资及福利费（计件工资除外）、折旧费、修理费、无形资产及其他资产摊销费、其他费用等。故本题选 A。

15．B【解析】每年考试真题都让计算放弃现金折扣成本，但是这个题目却直接让计算折扣。本题十分灵活，要求对 2/10、n/30 这类形式必须了解。2 表示的是折扣百分比的意思，10 是折扣期，30 是信用期。整个的意思是，如果对方在 10 天内付款的话，可以享受 2%的折扣，如果超过 10 天在 30 天内付款的话也是可以的，但是没有折扣了。所以根据题目，10 天内付款折扣就是 20×2%=0.4（万元）。故本题选 B。

16．C【解析】财务会计的内涵决定了财务会计具有核算和监督两项基本职能。会计的职能随着经济的发展和会计内容、作用的不断扩大而发展。现代会计职能还包括预测、决策、评价等，但核算和监督两项基本职能始终不变。现代会计的预测、决策、评价等职能是建立在两项基本职能的基础之上的。故本题选 C。

17. D【解析】在历史成本计量下，资产按照购置时支付的现金或者现金等价物的金额，或者按照购置资产时所付出的代价的公允价值计量。负债按照因承担现时义务而实际收到的款项或者资产的金额，或者承担现时义务的合同金额，或者按照日常活动中为偿还负债预期需要支付的现金或者现金等价物的金额计量。故本题选 D。

18. C【解析】成本和费用的联系与区别：成本和费用都是企业除偿债性支出和分配性支出以外的支出的构成部分；成本和费用都是企业经济资源的耗费；生产费用经对象化后进入生产成本，但期末应将当期已销产品的成本结转进入当期的费用（损益核算时）。成本是对象化的费用，其所针对的是一定的成本计算对象；费用则是针对一定的期间而言的。故本题选 C。

19. A【解析】营业收入是指企业经营业务所确认的收入总额，包括主营业务收入和其他业务收入。其中，主营业务收入是指企业为完成其经营目标而从事的经常性活动所实现的收入，如建筑业企业工程结算收入、工业企业产品销售收入、商业企业商品销售收入等。其他业务收入是指企业为完成其经营目标从事的与经常性活动相关的活动所实现的收入，是指企业除主营业务收入以外的其他销售或其他业务的收入，如建筑业企业对外出售不需用的材料的收入、出租投资性房地产的收入、劳务作业收入、多种经营收入和其他收入（技术转让利润、联合承包节省投资分成收入、提前竣工投产利润分成收入等）。故本题选 A。

20. A【解析】企业的利润总额是指营业利润加上营业外收入，再减去营业外支出后的金额。即利润总额=营业利润+营业外收入−营业外支出式中，营业外收入（或支出）是指企业发生的与其生产经营活动没有直接关系的各项收入（或支出）。其中，营业外收入包括固定资产盘盈、处置固定资产净收益、处置无形资产净收益、罚款净收入等。营业外支出包括固定资产盘亏、处置固定资产净损失、处置无形资产净损失、债务重组损失、罚款支出、捐赠支出、非常损失等。故本题选 A。

21. D【解析】根据现行会计准则的规定，财务报表至少应当包括资产负债表、利润表、现金流量表、所有者权益（或股东权益）变动表和附注。资产负债表是反映企业在某一特定日期财务状况的报表。利润表是反映企业在一定会计期间的经营成果的财务报表。现金流量表是反映企业一定会计期间现金和现金等价物流入和流出的财务报表，它属于动态的财务报表。所有者权益（或股东权益）变动表是反映构成所有者权益（或股东权益）的各组成部分当期增减变动情况的财务报表。故本题选 D。

22. D【解析】现金是企业流动性最强的资产。现金具体包括：库存现金、各种形式的银行存款、银行本票、银行汇票等。故本题选 D。

23. A【解析】资金成本包括资金占用费和筹资费用两个部分。资金占用费是指企业占用资金支付的费用，如银行借款利息和债券利息等。筹资费用是指在资金筹集过程中支付的各项费用，如银行的借款手续费，发行债券支付的印刷费、代理发行费、律师费、公证费、广告费等，它通常是在筹措资金时一次性支付，在使用资金的过程中不再发生，不同于资金占用费长期、多次性发生。因此，筹资费用可看作资金成本的固定费用，一般视为筹资数额的一项扣除。故本题选 A。

24. A【解析】首先明确设备的自然寿命是设备从使用开始到报废为止所经历的全部时间。所以根据题目数据，自然寿命为 6+3=9 年。故本题选 A。

25. C【解析】这个题目比较简单，直接套公式即可。大家注意全书里面开根号的计算题就 2 个，一个是经济寿命的计算，另一个是经济采购批量的计算。这个题目直接套用经济寿命计算公式，计算结果等于 30 年。故本题选 C。

26. C【解析】第一年应计息=（0+1/2×300）×6%=9（万元）；

第二年应计息=（300+9+1/2×600）×6%=36.54（万元）；

建设期利息=9+36.54=45.54（万元）。故本题选 C。

27. C【解析】本题考核的是国际工程投标报价的程序。对于国际工程的工程量复核中，如发现遗漏或相差较大时，投标人不能随便改动工程量，仍应按招标文件的要求填报自己的报价，但可另在投标函中予以适当说明。故本题选 C。

28. A【解析】本题考核的是因发包人违约解除合同。发包人应支付价款的原则包括：按照由于不可抗力解除合同的规定向承包人支付各项价款、按合同约定核算发包人应支付的违约金、给承包人造成损失或损害的索赔金额费用。故本题选 A。

29. C【解析】本题考核的是进行各项调查研究。市场、政治、经济环境调查包括工程所在国的政治形势、工程所在国的经济状况、当地的法律法规和项目所在国工程市场的情况。附近公共基础设施属于现场施工条件调查。故本题选 C。

30. C【解析】本题考核的是工程计量的依据。工程计量的依据包括质量合格证书、计量规范和技术规范、技术图纸，并非实际施工工程量。对于承包人自身原因造成返工的工程量，超出设计图纸要求增加的工程量，不予计量。故本题选 C。

31. D【解析】本题考核的是采用造价信息进行价格调整。材料、工程设备价格变化的价款调整按照发包人提供的主要材料和工程设备一览表，由发承包双方约定的风险范围按以下规定调整合同价款：（1）承包人投标报价中材料单价低于基准单价：施工期间材料单价涨幅以基准单价为基础超过合同约定的风险幅度值，或材料单价跌幅以投标报价为基础超过合同约定的风险幅度值时，其超过部分按实调整。（2）承包人投标报价中材料单价高于基准单价：施工期间材料单价跌幅以基准单价为基础超过合同约定的风险幅度值，或材料单价涨幅以投标报价为基础超过合同约定的风险幅度值时，其超过部分按实调整。（3）承包人投标报价中材料单价等于基准单价：施工期间材料单价涨、跌幅以基准单价为基础超过合同约定的风险幅度值时，其超过部分按实调整。故本题选 D。

32．C【解析】第一年年末的涨价预备费=（1 000+800）×50%×[(1+5%）−1]=45（万元）；
第二年年末的涨价预备费=（1 000+800）×50%×[$(1+5\%)^2$−1]=92.25（万元）；
涨价预备费=45+92.25=137.25（万元）。故本题选 C。

33．B【解析】本题考核的是设备购置费的组成和计算。增值税的计税基础（组成计税价格）–到岸价×人民币外汇牌价+进口关税+消费税=200×6.3+200×6.3×22%+0=1 537.2（万元）。于是，增值税=组成计税价格×增值税率=1 537.2×17%=261.32（万元）。故本题选 B。

34．C【解析】本题考核的是发包人提出索赔的程序。根据合同约定，发包人认为由于承包人的原因造成发包人的损失，宜按承包人索赔的程序进行索赔。当合同中对此未做具体约定时，按以下规定办理：（1）发包人应在确认索赔事件发生后的 28 天内向承包人发出索赔通知，否则，承包人免除该索赔的全部责任。（2）承包人应在收到发包人索赔报告后的 28 天内做出回应，表示同意或不同意并附具体意见，如在收到索赔报告后的 28 天内未向发包人做出答复，视为该项索赔报告已经被认可。故本题选 C。

35．B【解析】本题考核的是工程预付款的额度。《建设工程价款结算暂行办法》（财建〔2004〕369 号）规定，包工包料的工程原则上预付比例不低于合同金额（扣除暂列金额）的 10%，不高于合同金额（扣除暂列金额）的 30%；对重大工程项目，按年度工程计划逐年预付。实行工程量清单计价的工程，实体性消耗和非实体性消耗部分应在合同中分别约定预付款比例（或金额）。故本题选 B。

36．C【解析】本题考核的是安全文明施工费。发包人应在工程开工后的 28 天内预付不低于当年施工进度计划的安全文明施工费总额的 60%。故本题选 C。

37．C【解析】到岸价 CIF=离岸价 FOB+国外运费+国外运输保险=（200+10+6.5）×6.85=1 483.025（万元）。故本题选 C。

38．D【解析】本题考核的是计算工程量清单项目的综合单价。将清单项目的直接工程费、管理费及利润汇总得到该清单项目合价，再将该清单项目合价除以清单项目的工程量即可得到该清单项目的综合单价。计算公式过程为：综合单价=（直接工程费+管理费+利润）/清单工程量=（115 265.27+39 190.19+9 221.22）/3 951=41.43 元/m^3。故本题选 D。

39．C【解析】一般来讲，工程预付款可以在承包人完成金额累计达到合同总价的一定比例或金额，采用等比率或等金额的方式扣回。同时，可以根据起扣点公式计算，即起扣点= 4 000−600/60%=3 000（万元）。故本题选 C。

40．C【解析】规费是指按国家法律、法规规定，由省级政府和省级有关权力部门规定必须缴纳或计取的费用，应计入建筑安装工程造价的费用。规费项目清单应按照下列内容列项：（1）社会保险费：包括养老保险费、失业保险费、医疗保险费、工伤保险费、生育保险费；（2）住房公积金；（3）工程排污费。故本题选 C。

41．C【解析】分部分项工程量清单中所列工程量应按《计量规范》的工程量计算规则计算。工程量计算规则是指对清单项目工程量计算的规定。除另有说明外，所有清单项目的工程量以实体工程量为准，并以完成后的净值来计算。故本题选 C。

42．B【解析】项目措施是指为完成建设工程施工，该工程施工前和施工过程中的技术、生活、安全、环境保护等方面采取的各种技术手段，如安全文明施工、成品保护、二次搬运等。具备一定现场经验的人员知道，现场的技术措施，有些可以按照工程量计量、有些不宜按照工程量计量，因此计价规范中规定措施项目应予计量和不宜计量的措施项目，两种项目采用不同的计量方法。备选答案中，选项 A、B 属于应予计量项目的计算原理，选项 C、D 按照一定基数计算，适用于不宜计量的措施项目。比较选项 A、B 可见，主要差别是工料单价还是综合单价。根据工程量清单计价规范，单价采用综合单价。故本题选 B。

43．A【解析】本题考核是招标控制价的相关概念。国有资金投资的建设工程招标，招标人必须编制招标控制价。故本题选 A。

44．A【解析】规费是指按国家法律、法规规定，由省级政府和省级有关权力部门规定必须缴纳或计取的费用。对于规费和税金，发包人和承包人均应按照省、自治区、直辖市或行业建设主管部门发布的标准计算规费和税金，不得作为竞争性费用。故本题选 A。

45．D【解析】工程量清单计价模式下，投标人根据企业自身定额水平进行计价。传统计价模式下采用的工、料、机消耗量则是根据社会平均水平综合测定。故本题选 D。

46．B【解析】本题考核的是投诉与处理。根据“计价规范”，投标人经复核认为招标人公布的招标控制价未按规定编制时，可以在公布后 5 天内投诉；工程造价管理机构复查结论与原公布的招标控制价误差超过±3%时，应责令招标人改正。故本题选 B。

47．B【解析】工程量清单计价规范中将措施项目分为能计量和不能计量的两类。对能计量的措施项目，同分部分项工程量一样，编制措施项目清单时应列出项目编码、项目名称、项目特征、计量单位，并按现行计量规范规定，采用对应的工程量计算规则计算其工程量，而分部分项工程量单价采用的是综合单价。对不能计量的措施项目（总价措施项目），措施项目清单中仅列出了项目编码、项目名称，但未列出项目特征、计量单位的项目，编制措施项目清单时，应按现行计量规范附录（措施项目）的规定执行，对于这部分措施项目，实行总价报价，不是由招标人或者投保人确定，而是清单计价规范明确规定的，所以不能选择选项 C 和选项 D，在选项 A 和选项 B 中，本题考核的是不能计量的措施项目。故本题选 B。

48．B【解析】招标工程量清单由招标人提供，并对其准确性和完整性负责。项目特征是构成清单项目价值的本质特征，单价的高低与其具有必然联系。因此，发包人在招标工程量清单中对项目特征的描述应被认为是准确的和全面的，并且与实际施工要求相符合，否则，承包人无法报价。而当项目特征变化后，发承包双方应按实际施工的项目特征重新确定综合单价。故本题选 B。

49．A【解析】在 F1D1C 合同条件下，工程支付需要同时满足包括不低于最小付款限额、承包商的工作令工程师满意等 5 个条件。在同一个月内工程师签署了 2 次支付证书，那么以最后一次签署的支付证书金额为主，应该为 15 万美元，但是合同中规定低于 20 万美元不用付。所以当月不需要向承包商付款。故本题选 A。

50．B【解析】本题考核的是建筑安装工程计价程序。该工程的措施项目费=400×5%=20（万元）；规费=100（定额人工费）×8%=8（万元）；税金=（分部分项工程费+措施项目费+其他项目费+规费）×3.41%=（400+20+15+8）×3.41%=15.11（万元）。于是，该工程的招标控制价=400+20+15+8+15.11=458.11（万元）。这个题目要掌握招标控制价=分部分项工程费+措施项目费+其他项目费+规费+税金。题目中管理费和利润是干扰项。故本题选 B。

51．C【解析】施工图预算是根据一定量、价和费用计算规则编制的工程费用文件，具有计划的性质，其量、价、费用指标在后续工作中均有作用，对施工单位而言，施工图预算后的投标报价、成本控制、进行施工准备都可以以施工图预算作为重要的依据，在备选答案中，只有 C 是建设单位的工作，而不是施工单位的工作。故本题选 C。

52．D【解析】本题考核的是施工图预算中传统计价模式的相关内容。我国的传统计价模式是采用国家、部门或地区统一规定的定额和取费标准进行工程造价计价的模式，通常也称为定额计价模式。传统计价模式下，由主管部门制定工程预算定额，并且规定间接费的内容和取费标准。建设单位和施工单位均先根据预算定额中规定的工程量计算规则、定额单价计算人、料、机费用，再按照规定的费率和取费程序计取企业管理费、利润、规费和税金，汇总得到工程造价。其中，预算定额单价既包括了消耗量标准，又含有单位价格。故本题选 D。

53．A【解析】本题需要熟悉概算的分级和层次关系。工程概算分为建设项目总概算、单项工程综合概算、单位工程概算三级。单项工程概算又分为建设单位工程和安装单位工程概算两类。土建工程是对房屋建筑工程中单位工程划分的一个类别，与给排水工程、通风空调工程等同属于建筑单位工程概算。尽管其概算要汇总进入单项工程综合概算和建设项目总概算，但题目问的是层次归属，因此，最合适的选项是 A。至于选项 D，由于没有分部工程概算这一级，所以是错误答案。故本题选 A。

54．A【解析】本题考核的是设计概算的内容。设计概算是设计文件的重要组成部分，是由设计单位根据初步设计（或技术设计）图纸及说明、概算定额（或概算指标）、各项费用定额或取费标准（指标）、设备、材料预算价格等资料或参照类似工程预决算文件，编制和确定的建设工程项目从筹建至竣工交付使用所需全部费用的文件。故本题选 A。

55．D【解析】本题考核的是建设工程定额的分类。建筑工程定额的常用分类方法有：按生产要素内容分类、按编制单位和适用范围分类、按编制程序和用途分类、按投资的费用性质分类等分类方法，不同的分类方法所划分的类别不同，其作用也不相同。正确回答本题的基础是熟悉不同分类对应的类别，同时要注意分类标准和相应类别的对应关系。备选答案中，建筑工程、设备安装工程、建筑安装工程费用通常与投资构成的划分一致，而企业通常与行业、国家等层次的划分相关。也正因为如此，选项 A、B、C 是按照投资费用性质划分的类别，选项 D 是按照相应层次编制和使用的，由于题目考核的是按照编制单位和适用范围划分的类别。故本题选 D。

56．B【解析】定额的作用不同决定了编制对象不同。施工定额是施工企业（建筑安装企业）组织生产和加强管理在企业内部使用的一种定额，属于企业定额的性质。施工定额也是编制预算定额的基础。预算定额是编制施工图预算的主要依据，是编制单位估价表、确定工程造价、控制建设工程投资的基础和依据，预算定额是社会性的。概算定额一般是在预算定额的基础上综合扩大而成的，每一综合分项概算定额都包含了数项预算定额。概算指标一般是在概算定额和预算定额的基础上编制的，是设计单位编制设计概算或建设单位编制年度投资计划的依据，也可作为编制估算指标的基础。根据概算和预算编制的深度要求，为编制施工图预算的需要，预算定额应当以分部分项工程为对象。故本题选 B。

57．A【解析】本题考核的是开办费的内容。开办费在不同的招标项目中包括的内容可能不相同，一般可能包括以下内容：现场勘察费、现场清理费、进场临时道路费、业主代表和现场工程师设施费、现场试验设施费、施工用水电费、脚手架及小型工具费、承包商临时设施费、现场保卫设施和安装费用、职工交通费、其他杂项。故本题选 A。

58．B【解析】本题考核的是建筑安装工程费用的构成及其层次关系。建筑安装工程费由人工费、材料费（包含工程设备，下同）、施工机具使用费、企业管理费、利润、规费和税金组成。人工费是指按工资总额构成规定，支付给从事建筑安装工程施工的生产工人和附属生产单位工人的各项费用。备选答案均属于与人工有关的费用，按照建筑安装工程费用的构成及层次关系，选项 A、C、D 都属于生产工人的费用，形式不同而已，不能从费用名称来判断正确选项。而管理人员工资不属于生产工人的费用。故本题选 B。

59．A【解析】建设投资可以分为静态投资部分和动态投资部分。静态投资部分由建筑安装工程费、设备及工器具购置费、工程建设其他费和基本预备费构成。动态投资部分，是指在建设期内，因建设期利息和国家新批准的税费、汇率、利率变动以及建设期价格变动引起的建设投资增加额，包括涨价预备费、建设期利息等。故本题选 A。

60．D【解析】本题考核的是建设工程项目总投资的组成。建设投资是所有类型建设项目的总投资中，一定包括的内容。至于（铺底）流动资金，仅生产性建设项目予以考虑。故本题选 D。

二、多项选择题

61. ABCE【解析】利率是各国发展国民经济的重要杠杆之一，利率的高低由以下因素决定：（1）利率的高低首先取决于社会平均利润率的高低，并随之变动；（2）在社会平均利润率不变的情况下，利率高低取决于金融市场上借贷资本的供求情况；（3）借出资本要承担一定的风险，风险越大，利率也就越高；（4）通货膨胀对利息的波动有直接影响，资金贬值往往会使利息无形中成为负值；（5）借出资本的期限长短。故本题选 ABCE。

62. ADE【解析】在现金流量图中，箭线长短与现金流量数值大小本应成比例。但由于技术方案中各时点现金流量常常差额悬殊而无法成比例绘出，故在现金流量图绘制中，箭线长短只要能适当体现各时点现金流量数值的差异，并在各箭线上方（或下方）注明其现金流量的数值即可。

相对于时间坐标的垂直箭线代表不同时点的现金流量情况，现金流量的性质（流入或流出）是对特定的人而言的。对投资人而言，在横轴上方的箭线表示现金流入，即表示收益；在横轴下方的箭线表示现金流出，即表示费用。

以横轴为时间轴，向右延伸表示时间的延续，轴上每一刻度表示一个时间单位，可取年、半年、季或月等；时间轴上的点称为时点，通常表示的是该时间单位末的时点；0 表示时间序列的起点。整个横轴又可看成是我们所考察的“技术方案”。

总之，要正确绘制现金流量图，必须把握好现金流量的三要素，即现金流量的大小（现金流量数额）、方向（现金流入或现金流出）和作用点（现金流量发生的时点）。故本题选 ADE。

63. ACD【解析】基准收益率也称基准折现率，是企业或行业投资者以动态的观点所确定的、可接受的技术方案最低标准的收益水平。其在本质上体现了投资决策者对技术方案资金时间价值的判断和对技术方案风险程度的估计，是投资资金应当获得的最低盈利率水平，它是评价和判断技术方案在财务上是否可行和技术方案比选的主要依据。因此基准收益率确定得合理与否，对技术方案经济效果的评价结论有直接的影响，定得过高或过低都会导致投资决策的失误。故本题选 ACD。

64. ABC【解析】提高价值的途径有 5 种：一是双向型，即在提高产品功能的同时，又降低产品成本；二是改进型，即在产品成本不变的条件下，通过提高产品的功能，提高利用资源的成果或效用，达到提高产品价值的目的；三是节约型，即在保持产品功能不变的前提下，通过降低成本达到提高价值的目的；四是投资型，即产品功能有较大幅度提高，产品成本有较少提高；五是牺牲型，即在产品功能略有下降、产品成本大幅度降低的情况下，也可达到提高产品价值的目的。故本题选 ABC。

65. BCE【解析】本题考核的是信用政策的确定和应收账款的收账。应收账款财务管理中的信用政策（要素），通常包括信用期间、信用标准和现金折扣；其中，信用标准，可以采用“5C”系统。故本题选 BCE。

66. ABCD【解析】企业应当在财务报表的显著位置至少披露下列各项：编报企业的名称；资产负债表日或财务报表涵盖的会计期间；人民币金额单位；财务报表是合并财务报表的，应当予以标明。故本题选 ABCD。

67. BDE【解析】能够反映构成净利润的各种要素、能够反映企业在一定会计期间现金和现金等价物流入和流出的情况分别是利润表和现金流量表的有关描述。故本题选 BDE。

68. ACE【解析】作为现金等价物的短期投资必须同时满足以下 4 个条件：期限短、流动性强、易于转换为已知金额的现金、价值变动风险小。故本题选 ACE。

69. BCE【解析】本题考核的是成本费用的计量。无形资产摊销包括摊销期（使用寿命）、摊销方法和应摊销金额的确定。其中，对于使用寿命不确定的无形资产，每年应进行减值测试；确定应摊销金额时，将其成本扣除预计残值。故本题选 BCE。

70. AC【解析】工程建设投资中，工程建设其他费用又划分为土地费用、与工程建设相关的费用和纳入建设投资但与未来企业生产经营相关的费用。在备选答案中，选项 B 施工准备费为与工程建设相关费用，选项 D 单机试运转费用包括在工程费用之中，选项 E 生产家具购置费与设备购置费性质相同，属于工程费用范畴，故本题选 AC。

71. AB【解析】涨价预备费以建筑安装工程费以及设备及工器具购置费之和为计算基础。故本题选 AB。

72. ACD【解析】措施费是指为完成工程项目施工，发生于该工程施工前和施工过程中非工程实体项目的费用，一般包括下列项目：环境保护费；文明施工费；安全施工费；临时设施费；夜间施工增加费；二次搬运费；冬雨期施工费；大型机械设备进出场及安拆费；脚手架费；已完工程及设备保护费等。选项 B 属于规费。选项 E 属于管理费。故本题选 ACD。

73. ABDE【解析】工程设备是指构成永久工程一部分的机电设备，金属结构设备，仪器设备，其他类似设备及装置。故本题选 ABDE。

74. CDE【解析】本题考核的是工人工作时间消耗的分类。必需消耗的工作时间包括有效工作时间、休息时间和不可避免的中断时间。（1）有效工作时间是从生产效果来看与产品生产直接有关的时间消耗。其包括基本工作时间、辅助工作时间、准备与结束工作时间。基本工作时间是工人完成一定产品的施工工艺过程所消耗的时间；辅助工作时间是指为保证基本工作能顺利完成所消耗的时间；准备与结束工作时间是执行任务前或任务完成后所消耗的工作时间。（2）不可避免的中断时间是指由于施工工艺特点引起的工作中断所必需的时间。与施工过程、工艺特点有关的工作中断时间，应包括在定额时间内；与工艺特点无关的工作中断所占用时间，是由于劳动组织不合理引起的，属于损失时间，不能计入定额时间。（3）休息时间是工人在工作过程中为恢复体力所必需的短暂休息和生理需要的时间消耗。这种时间是为了保证工人精力充沛地进行工作，所以在定额时间中必须进行计算。故本题选 CDE。

75．ABCD【解析】（1）设计概算投资一般应控制在立项批准的投资控制额以内；（2）如果设计概算值超过控制额，必须修改设计或重新立项审批；（3）设计概算批准后不得任意修改和调整；（4）如需修改或调整时，须经原批准部门重新审批。故本题选 ABCD。

76．BDE【解析】我国目前实行的工程量清单计价采用的是部分费用综合单价，部分费用综合单价综合了直接工程费、管理费、利润、一定范围内的风险费用，单价不包含措施费、其他项目费、规费和税金。故本题选 BDE。

77．ABCD【解析】规范条文包括总则、术语、一般规定、工程量清单编制、招标控制价、投标报价、合同价款约定、工程计量、合同价款调整、合同价款期中支付、竣工结算与支付、合同解除的价款的结算与支付、合同价款争议的解决、工程造价鉴定、工程计价资料与档案、工程计价表格，具体内容涵盖了从工程招投标开始到工程竣工结算办理完毕的全过程。故本题选 ABCD。

78．ABDE【解析】承发包双方应在合同条款中，对下列事项进行约定：预付工程款的数额、支付时间及抵扣方式；安全文明施工费；工程计量与支付工程进度款的方式、数额及时间；工程价款的调整因素、方法、程序、支付及时间；施工索赔与现场签证的程序、金额确定与支付时间；承担计价风险的内容、范围以及超出约定内容、范围的调整办法；工程竣工价款结算的编制与核对、支付及时间；工程质量保证金的数额、预留方式及时间；违约责任以及发生合同价款争议的解决方法及时间；与履行合同、支付价款有关的其他事项等。故本题选 ABDE。

79．ACDE【解析】建设工程施工合同根据合同计价方式的不同，一般可以划分为总价合同、单价合同和成本加酬金合同 3 种类型。具体工程项目选择何种合同计价形式，主要依据设计图纸深度、工期长短、工程规模和复杂程度进行确定。故本题选 ACDE。

80．CDE【解析】索赔费用的组成与建筑安装工程造价的组成相似，其中人工费包括增加工作内容的人工费、停工损失费和工作效率降低的损失费等累计。增加工作内容的人工费应按照计日工费计算，而停工损失费和工作效率降低的损失费按窝工费计算，窝工费的标准双方应在合同中约定。故本题选 CDE。

2017版全国一级建造师执业资格考试
《建设工程经济》
模拟试卷（二）参考答案及解析

一、单项选择题

1．C【解析】若采用甲方案，总费用为 60+0.03×10 000=360（万元）；若采用乙方案，总费用为 80+0.025×10 000=330（万元）。很明显应该选择总费用低的方案，所以应该采用乙方案。故本题选 C。

2．A【解析】本题涉及的考点是资金时间价值的概念。资金运动反映了物化劳动和活劳动的运动过程，而这个过程也是资金随时间运动的过程。因此，在工程经济分析时，不仅要着眼于技术方案资金量的大小（资金收入和支出的多少），而且也要考虑资金发生的时间。资金是运动的价值，资金的价值是随时间变化而变化的。故本题选 A。

3．B【解析】这个题目一定要小心，问的是租赁费用，不是租金。而题目中明确租赁保证金是退还的，所以租赁费用只有租金和担保费。每年的租金=68/5+68×（10%+4%）=23.12（万元），每年的担保费为 4/5=0.8（万元），所以每年租赁费用为 23.12+0.8=23.92（万元）。故本题选 B。

4．D【解析】设备租赁可减少投资风险，但不能消除一切投资风险。故本题选 D。

5．D【解析】这个题目隔几年考一次，考核方式也很简单。沉没成本=账面价值−当前市场价值=10−6=4（万元）。故本题选 D。

6．C【解析】这个题目比较简单，直接套公式即可。大家注意全书里面开根号的计算题就 2 个，一个是经济寿命的计算，一个是经济采购批量的计算。这个题目经济寿命=6.92（年）。故本题选 C。

7．B【解析】技术方案资本金现金流量表是从技术方案权益投资者整体（即项目法人）角度出发，以技术方案资本金作为计算的基础，把借款本金偿还和利息支付作为现金流出，用以计算资本金财务内部收益率，反映在一定融资方案下投资者权益投资的获利能力，用以必选融资方案，为投资者投资决策、融资决策提供依据。故本题选 B。

8．C【解析】关于经营成本计算题的考核，书上就 2 个公式，这类题目考了十几年了，从来没有超纲。这个题目经营成本=总成本费用−折旧−摊销−利息支出=300−35−15−8=242（万元）。故本题选 C。

9．C【解析】首先得把量本利模型公式记住，利润=销售收入−固定成本−可变成本−营业税金及附加。套数据，利润=3×300−280−3×120−3×40=140（万元）。故本题选 C。

10．B【解析】在实际应用中，对于经营性方案，经济效果评价是从拟定技术方案的角度出发，根据国家现行财政、税收制度和现行市场价格，计算拟定技术方案的投资费用、成本与收入、税金等财务数据，通过编制财务分析报表，计算财务指标。分析拟定技术方案的盈利能力、偿债能力和财务生存能力，投资者可根据拟定技术方案的经济效果评价结论、投资的财务状况和投资所承担的风险程度，决定拟定技术方案是否应该实施。对于非经营性方案，经济效果评价应主要分析拟定技术方案的财务生存能力。故本题选 B。

11．A【解析】这个题目的难度要比历年真题略高，首先要明确一下财务净现值是把各年的净现金流量全部折现到 0 点，然后累加即可。所以这个题目有 2 个计算方法，第一种方法是把 1、2、3、4、5 年的净流量逐年折现到 0，计算得出财务净现值为 237.49 万元。第二种方法是因为第一年和第二年都是 100 万元，第三年到第五年都是 200 万元，所以可以用年金现值公式进行计算，FNPV=−100（P/A，10%，2）+200×（P/A，10%，3）×（P/F，10%，2）=237.49（万元）。故本题选 A。

12．B【解析】计算静态投资回收期，只看累计净现金流量这一行，如果题目中没有直接告诉累计净现金流量，那么需要自己计算一下。计算结果见下表。

年末	1	2	3	4	5	6	7
现金流入/万元	—	—	900	1 200	1 200	1 200	1 200
现金流出/万元	800	700	500	600	600	600	600
净现金流量/万元	−800	−700	400	600	600	600	600
累计净现金流量/万元	−800	−1 500	−1 100	−500	100		

那么静态投资回收期就是累计净现金流量由负数变为 0 的那个点，套公式为（5−1）+500/600=4.8（年）。故本题选 B。

13．D【解析】本题涉及的考点是利率的决定因素。利率的高低首先取决于社会平均利润率的高低，并随之变动。在通常情况下，社会平均利润率是利率的最高界限。故本题选 D。

14．D【解析】本题主要考核的是技术方案效果评价方法的分类依据。按评价方法的性质不同，经济效果评价分为定量分析和定性分析；按其是否考虑时间因素又可分为静态分析和动态分析；按评价是否考虑融资分为融资前分析和融资后分析；按技术方案评价的时间可分为事前评价、事中评价和事后评价。故本题选 D。

15．A【解析】现金持有量有 3 种成本组成，机会成本、管理成本、短缺成本，3 种成本之和最小值对应的现金持有量就是最佳现金持有量。这个题目中只给了 2 个成本，那么默认第 3 个成本为 0,很明显最小的成本之和是 9 000 元。对应的为最佳方案一，最佳现金持有量为 60 000 元。故本题选 A。

16. C【解析】财务会计主要是对企业已经发生的交易或事项，通过确认、计量和报告程序进行加工处理，并借助财务报告（财务报表）的形式，向企业外部的利益关系集团提供经济信息，以货币为主要计量尺度，核算监督资金运动，提供经济信息。故本题选 C。

17. A【解析】这个题目比较简单，直接套公式即可，从历年考试情况来看的话，经济采购批量的考题没有超出教材范围。不会考得过于深入。经济采购批量等于 3 000 千克。大家注意分子里的年度采购总量和分母里的材料的平均储备成本单位应该是一样，年度采购总量为吨，那么分母就是每吨材料的平均储备成本；年度采购总量是千克，那分母就是每千克材料的平均储备成本。故本题选 A。

18. B【解析】本题考核的是会计要素的计量属性。在会计要素的计量属性中，通常采用的是历史成本、实际成本。但是，题干所指，属于公允价值。故本题选 B。

19. A【解析】这个题目比较简单，资金成本率的计算基本上每年考试方式都是一样的。直接套公式即可。借款的资金成本率直接套公式计算为 6.01%，跟借款数额没有关系。故本题选 A。

20. C【解析】这个题目比较简单。补偿性余额是银行要求借款人在银行中保持按贷款限额或实际借用额一定百分比（一般为 10%～20%）计算的最低存款余额。补偿性余额有助于银行降低贷款风险，补偿其可能遭受的风险；对借款企业来说，补偿性余额则提高了借款的实际利率，加重了企业的利息负担。故本题选 C。

21. D【解析】流动比率=流动资产/流动负债=66 000/32 000=2.06。这个题目的关键在于熟悉流动比率的概念及计算公式，不要跟速动比率、资产负债率等混淆。故本题选 D。

22. A【解析】本题考核的是收入的分类，要注意不同性质产生的收入。建造（施工）合同收入是指企业通过签订建造（施工）合同并按合同要求为客户设计和建造房屋、道路、桥梁、水坝等建筑物以及船舶、飞机、大型机械设备等而取得的收入；销售商品收入是指企业通过销售产品或商品而取得的收入；提供劳务收入是指企业通过提供劳务作业而取得的收入。建筑业企业提供劳务一般均为非主营业务；让渡资产使用权收入是指企业通过让渡资产使用权而取得的收入，如金融企业发放贷款取得的收入，企业让渡无形资产使用权取得的收入等。故本题选 A。

23. A【解析】本题主要考核的是因素分析法的特点。因素分析法提供了定量解释差异成因的工具，既可以全面分析各因素对经济指标的影响，又可以单独分析某因素对经济指标的影响，在财务分析中应用颇为广泛。故本题选 A。

24. A【解析】本题考核的是资金占用费的内容。资金占用费是指企业占用资金支付的费用，如银行借款利息和债券利息等。选项 B、C、D 均属于筹资费用。故本题选 A。

25. C【解析】第一年应计息=（0+1/2×400）× 5%=10（万元）；

第二年应计息=（400+10+1/2×500）×5%=33（万元）；

第三年应计息=（400+10+500+33+1/2×300）×5%=54.65（万元）；

建设期利息=10+33+54.65=97.65（万元）。故本题选 C。

26. D【解析】本题考核的是建造合同的分立所必须具备的条件。一项包括建造数项资产的建造合同，同时满足下列条件的，每项资产应当分立为单项合同：（1）每项资产均有独立的建造计划；（2）与客户就每项资产单独进行谈判，双方能够接受或拒绝与每项资产有关的合同条款；（3）每项资产的收入和成本可以单独辨认。如果不同时具备上述 3 个条件，则不能将建造合同进行分立，而应将其作为一项合同进行会计处理。故本题选 D。

27. D【解析】按我国现行规定，预备费包括基本预备费和涨价预备费。其中，基本预备费是指在项目实施中可能发生难以预料的支出，需要预先预留的费用，又称不可预见费，主要是指设计变更及施工过程中可能增加工程量的费用。计算公式为：基本预备费=（设备及工器具购置费+建筑安装工程费+工程建设其他费）×基本预备费率，则该项目基本预备费为：（600+1 200+100）×10%=190（万元）。故本题选 D。

28. D【解析】本题考核的是不可抗力造成的损失的分担原则。因不可抗力事件导致的人员伤亡、财产损失及其费用增加，发承包双方应按以下原则分别承担并调整合同价款和工期：（1）合同工程本身的损害、因工程损害导致第三方人员伤亡和财产损失以及运至施工场地用于施工的材料和待安装的设备的损害，由发包人承担；（2）发包人、承包人人员伤亡由其所在单位负责，并应承担相应费用；（3）承包人的施工机械设备损坏及停工损失，应由承包人承担；（4）停工期间，承包人应发包人要求留在施工场地的必要的管理人员及保卫人员的费用，应由发包人承担；（5）工程所需清理、修复费用，应由发包人承担。不可抗力解除后复工的，若不能按期竣工，应合理延长工期。发包人要求赶工的，赶工费用应由发包人承担。本题中承包方受伤人员医药费、补偿费 5 万元的经济损失不应补偿给承包方。理由：不可抗力造成承发包双方的人员伤亡，分别各自承担；施工机具损坏损失 12 万元的经济损失不应补偿给承包方。理由：不可抗力造成施工机械设备损坏，由承包人承担；施工机具闲置、施工人员窝工损失 6 万元的经济损失不应补偿给承包方。理由：不可抗力造成承包人机械设备的停工损失，由承包人承担；工程清理、修复费用 3.5 万元的经济损失应补偿给承包方。理由：不可抗力造成工程所需清理、修复费用，由发包人承担。故本题选 D。

29. D【解析】抵岸价=到岸价+银行财务费+外贸手续费+关税+增值税=1 050+5+15+70+（1 050+70）×17%=1 330.40（万元）。故本题选 D。

30. D【解析】本题考核的是国际工程投标报价的程序。工程量复核不仅为了便于准确计算投标价格，更是今后在实施工程中测量每项工程量的依据，同时也是安排施工进度计划、选定施工方案的重要依据。故本题选 D。

31. B【解析】本题考核的是静态投资的计算。静态投资部分由建筑安装工程费、设备及工器具购置费、工程建设其他费和基本预备费构成。本题的计算过程为：该项目的静态投资=（1 500+2 000+500+200）=4 200（万元）。涨价预备费和建设期贷款利息属于动态投资，铺底流动资金既不属于静态投资也不属于动态投资。故本题选 B。

32. B【解析】按照《建设工程工程量清单计价规范》（GB 50500—2013）的规定，单价合同工程计量的一般程序如下：承包人应当按照合同约定的计量周期和时间向发包人提交当期已完工程量报告。发包人应在收到报告后 7 天内核实，并将核实计量结果通知承包人。发包人未在约定时间内进行核实的，则承包人提交的计量报告中所列的工程量应视为承包人实际完成的工程量。至于备选答案中的选项 D，可能是支付工程款时中间付款比例，与工程计量应核实实际完成量的要求不符。故本题选 B。

33. D【解析】本题考核的是预算定额与单位估价表的编制。预算定额中，人工消耗量=基本用工+超运距用工+辅助用工+人工幅度差用工=（基本用工+超运距用工+辅助用工）×（1+人工幅度差系数）=（0.677+0.02+0.08）×（1+10%）=0.854 7（工日）。故本题选 D。

34. C【解析】本题考核的是清单计价综合单价的计算方法。计算步骤如下：（1）该土方工程的总价为：76 000+18 000+8 000=102 000（元）；（2）综合单价为：102 000/2 500=40.80（元）。这个题目特别注意除以的是清单工程量，不是实际工程量。故本题选 C。

35. A【解析】本题考核的是国际工程投标报价的程序。各种承包商人员在报价编制过程中有不同的作用，现场人员的作用是负责对施工方法、资源需求和各项施工作业的大概时间提出建议；计划人员的作用是编制施工方法说明，利用施工进度表配置资源；承包商高级管理人员的作用是决定是否参加投标，商谈资金，标价调整；市场人员的作用是寻找未来工程的机会，保证充分了解业主要求，协助估价人员校核资料。故本题选 A。

36. A【解析】工程计量有多种方法，题目背景中的宿舍属于临时设施的组成部分，为监理工程师提供的宿舍一般是业主的责任（除非其由监理工程师自备），若由承包商提供宿舍等临时设施，应支付相关费用。作为临时设施的宿舍，可以是建成时计算并支付总的费用，也可以分期支付费用。如果仅仅从获取宿舍使用权的角度来看，备选答案中计量方法均可能使用，但是背景强调的是现场宿舍，现场宿舍一般由承包人统一搭建，同时强调按月计量。对清单中某些项目的合同价款，按合同工期平均计量，例如：为监理工程师提供宿舍，保养测量设备，保养气象记录设备，维护工地清洁和整洁等。这些项目都有一个共同的特点，即每月均有发生，所以可以采用均摊法进行计量支付。故本题选 A。

37. B【解析】本题考核的是提前竣工。发承包双方应在合同中约定提前竣工每日历天应补偿额度，此项费用应作为增加合同价款列入竣工结算文件中，应与结算款一并支付。故本题选 B。

38. D【解析】本题考核的是建筑安装工程费计算方法。企业管理费（费率），可以采用分部分项工程费、人工费和机械费、人工费等不同的计算基数。以人工费为基础的企业管理费费率=9 000/（300×40）=75%。故本题选 D。

39. B【解析】项目措施是指为完成建设工程施工，该工程施工前和施工过程中的技术、生活、安全、环境保护等方面采取的各种技术手段，如安全文明施工、成品保护、二次搬运等。具备一定现场经验的人员知道，现场的技术措施，有些可以按照工程量计量、有些不宜按照工程量计量，因此计价规范中规定措施项目应予计量和不宜计量的措施项目，两种项目采用不同的计量方法。备选答案中，选项 A、B 属于应予计量项目的计算原理，选项 C、D 按照一定基数计算，适用于不宜计量的措施项目。比较选项 A、B 可见，主要差别是工料单价还是综合单价。根据工程量清单计价规范，单价采用综合单价。故本题选 B。

40. C【解析】建设工程项目招标控制价俗称拦标价，是由招标人提供的。应由招标人或受其委托的工程造价咨询人编制。故本题选 C。

41. A【解析】本题考核的是进度款。按起扣点公式：$T=P-M/N$，$T=1\ 000-1\ 000\times 20\%/50\%=600$（万元）。故本题选 A。

42. B【解析】工程量清单应由具有编制招标文件能力的招标人，或受其委托具有相应资质的中介机构进行编制。故本题选 B。

43. B【解析】《建设工程工程量清单计价规范》（GB 50500—2013）规定，除另有说明外，所有清单项目的工程量以实体工程量为准，并以完成后的净值来计算。这也是清单计价模式与传统计价模式的一个重要区别。合理损耗（不可避免的损耗量）、辅助工程量虽然在实际中确实存在，在工程造价中加以考虑也是合理的，但清单计价规范明确规定，在计算综合单价时应考虑施工中的各种损耗和需要增加的工程量，或在措施费清单中列入相应的措施费用。采用工程量清单计算规则，工程实体的工程量是唯一的。也就是说，选项 A 和选项 C 中包含的合理损耗和辅助工程量不是通过工程量计算的，而是要通过将这些必然的消耗计入单价之内。至于选项 D，则属于不合理的选项。故本题选 B。

44. A【解析】建筑安装工程价格由工程量、单价、取费项目和取费标准等决定，所谓传统计价模式是指定额计价模式，它是计划经济体制的产物，有关价格决定因素由国家、地区或者行业统一规定，即使随着经济体制改革的深入，引入了市场竞争的成分，但主导思想仍然是在统一的基础上允许有一定的浮动范围，没有真正意义上的市场定价。在备选答案中，选项 B、C、D 3 个答案均有市场计价的部分内容。故本题选 A。

45．A【解析】工程量清单计价模式下，定额消耗量和工程量计算规则统一规定，清单计价规范是国家标准，并且明确应按照计价规范执行。故本题选 A。

46．C【解析】施工图预算是根据一定量、价和费用计算规则编制的工程费用文件，具有计划的性质。其量、价、费用指标在后续工作中均有作用，对施工单位而言，施工图预算后的投标报价、成本控制、进行施工准备都可以以施工图预算作为重要的依据。在备选答案中，只有选项 C 是建设单位的工作，而不是施工单位的工作。故本题选 C。

47．B【解析】本题考核的是材料消耗定额的编制。根据材料损耗率的计算公式，该材料的损耗率=损耗量/净用量×100%= 20/（100−20）×100%=25%。故本题选 B。

48．D【解析】设计概算可分为单位工程概算、单项工程综合概算和建设工程项目总概算三级。设计概算的作用如下：（1）设计概算是制定和控制建设投资的依据。对于使用政府资金的建设项目按照规定报请有关部门或单位批准初步设计及总概算，一经上级批准，总概算就是总造价的最高限额，不得任意突破，如有突破须报原审批部门批准。（2）设计概算是编制建设计划的依据。建设工程项目年度计划的安排、其投资需要量的确定、建设物资供应计划和建筑安装施工计划等，都以主管部门批准的设计概算为依据。若实际投资超出了总概算，设计单位和建设单位需要共同提出追加投资的申请报告，经上级计划部门批准后，方能追加投资。（3）设计概算是进行贷款的依据。银行根据批准的设计概算和年度投资计划进行贷款，并严格监督控制。（4）设计概算是签订工程总承包合同的依据。对于施工期限较长的大中型建设工程项目，可以根据批准的建设计划、初步设计和总概算文件确定工程项目的总承包价，采用工程总承包的方式进行建设。（5）设计概算是考核设计方案的经济合理性和控制施工图预算和施工图设计的依据。（6）设计概算是考核和评价建设工程项目成本和投资效果的依据。可以将以概算造价为基础计算的项目技术经济指标与以实际发生造价为基础计算的指标进行对比，从而对建设工程项目成本及投资效果进行评价。故本题选 D。

49．C【解析】本题考核的是项目建设全过程中有关投资费用指标的含义、相互关系及其作用。在工程建设的各个阶段，均应对投资费用进行估价，按照建设程序，投资指标大致依次是投资估算、设计概算、施工图预算、招标控制价、施工合同价等。投资估算是根据建设方案编制的，设计概算是在初步设计基础上编制的，施工图预算是在施工图设计基础上编制的。故本题选 C。

50．A【解析】本题考核的是单项工程概算问题。正确选择要注意概算 3 个层次及其关系，概算编制的基本思路是从工程费用逐步汇总，加上工程建设其他费用，形成完整的概算费用。概算划分为三级时，工程建设其他费用计入建设项目总概算，单项工程概算只包括工程费用。分析 4 个答案可见，选项 B 也是建筑工程和安装工程概算之和，但其缺少了设备工器具部分投资（属于工程费用）。同样的，选项 D 没有计算设备及工器具投资，但多计算了工程建设其他费用，而选项 C 多计算了流动资金（不计入工程费用）。故本题选 A。

51．B【解析】预算定额是以建筑物或构筑物各个分部分项工程为对象编制的定额。故本题选 B。

52．B【解析】本题考核的是招标控制价的计算。计算见下表：

序号	内　　容	计算方法	金额/万元
1	分部分项工程费		100
2	措施项目费	分部分项工程费×2.5%	2.5
2.1	其中：安全文明施工费	分部分项工程费×1.5%	1.5
3	其他项目费		8
4	规费	分部分项工程费×15%×8%	1.2
5	税金（扣除不列入计税范围的工程设备金额）	（1+2+3+4）×3.41%	3.81
招标控制价合计=（100+2.5+8+1.2+3.81）=115.51（万元）			

故本题选 B。

53．A【解析】本题实际上是定额基本概念的理解，生产要素内容划分的人工、材料、机械使用等定额从本身而言，是一种消耗标准，这是理解定额的基础，不能将定额理解为价格标准，在市场经济条件下，也没有价格标准而言。因此，选项 C 和选项 D 均不是选择的范围。而选项 A 和选项 B 比较而言，确实有需要的数量标准，也有质量标准。不过质量标准主要通过规范、规程、技术性标准等来加以规定，而定额是一种数量消耗标准。故本题选 A。

54．A【解析】施工定额是以同一性质的施工过程——工序作为研究对象，表示生产产品数量与时间消耗综合关系的定额。施工定额是施工企业（建筑安装企业）组织生产和加强管理在企业内部使用的一种定额，属于企业定额的性质。施工定额是建设工程定额中分项最细、定额子目最多的一种定额，也是建设工程定额中的基础性定额。施工定额由人工定额、材料消耗定额和施工机械台班使用定额所组成。施工定额是施工企业进行施工组织、成本管理、经济核算和投标报价的重要依据。施工定额直接应用于施工项目的管理，用来编制施工作业计划、签发施工任务单、签发限额领料单以及结算计件工资或计量奖励工资等。施工定额和施工生产结合紧密，施工定额的定额水平反映施工企业生产与组织的技术水平和管理水平。施工定额也是编制预算定额的基础。故本题选 A。

55．D【解析】本题考核的是建设项目总投资构成及其层次划分。生产性建设工程项目总投资包括建设投资和铺底流动资金两部分；非生产性建设工程项目总投资则只包括建设投资，其中，建设投资由设备及工器具购置费、建筑安装工程费、工程建设其他费用、预备费（包括基本预备费和涨价预备费）和建设期利息组成。所谓建筑安装工程费用包括建筑工程费、安装工程费，因此选项 A、B 不是正确答案。在选项 C 和选项 D 中，选项 C 实际上属于建筑工程费，因此这里需要对建筑工程和安装工程的划分有一定的基础知识才比较好判断。而工程设计费用虽然与工程直接相关，但建筑工程和安装工程费用主要包括建筑施工的费用，工程设计费用归于大类中的工程建设其他费用。故本题选 D。

56. C【解析】设备安装工程费包括用于设备、工器具、交通运输设备、生产家具等的组装和安装，以及配套工程安装而发生的全部费用。(1) 预算单价法。当初步设计有详细设备清单时，可直接按预算单价（预算定额单价）编制设备安装工程概算。根据计算的设备安装工程量乘以安装工程预算单价，经汇总求得。用预算单价法编制概算，计算比较具体，精确性较高。(2) 扩大单价法。当初步设计的设备清单不完备，或仅有成套设备的重量时，可采用主体设备、成套设备或工艺线的综合扩大安装单价编制概算。(3) 概算指标法。当初步设计的设备清单不完备，或安装预算单价及扩大综合单价不全，无法采用预算单价法和扩大单价法时，可采用概算指标编制概算。故本题选 C。

57. C【解析】建筑安装工程规费包括工程排污费、社会保障费、住房公积金等。故本题选 C。

58. A【解析】在项目建议书阶段，投资估算误差应控制在±30%以内。故本题选 A。

59. A【解析】建设投资，由设备及工器具购置费、建筑安装工程费、工程建设其他费用、预备费（包括基本预备费和涨价预备费）、建设期利息和固定资产投资方向调节税（目前暂不征）组成。在生产性建设工程项目中，设备及工器具投资主要表现为其他部门创造的价值向建设工程项目中的转移，但这部分投资是建设工程投资中的积极部分，它占项目投资比重的提高，意味着生产技术的进步和资本有机构成的提高。故本题选 A。

60. A【解析】本题考核的是工程变更价款的确定方法。选项 A 不涉及工程变更。故本题选 A。

二、多项选择题

61. BCD【解析】本题考核的是对于建设工程投资构成层次划分及其具体构成的理解，建设投资第一层次包括工程费用、工程建设其他费用、预备费、建设期利息等。工程费用是指建筑工程费用、设备及安装工程费用。在备选答案中，选项 A 施工企业管理费包含在建筑安装工程投资中，属于工程费用，选项 E 基本预备费属于预备费，勘察设计费、土地费用、建设单位管理费则需要建设单位在工程费用之外支出。故本题选 BCD。

62. ABCE【解析】建设投资，由设备及工器具购置费、建筑安装工程费、工程建设其他费用、预备费（包括基本预备费和涨价预备费）和建设期利息组成。故本题选 ABCE。

63. ABDE【解析】根据建标〔2013〕44 号文件关于印发《建筑安装工程费用项目组成》的通知的规定：建筑安装工程费由人工费、材料费、施工机具使用费、企业管理费、利润、规费和税金组成。故本题选 ABDE。

64. AB【解析】本题考核的是预备费的组成。政策性较强的工程建设其他费用，属于基本预备费的计算基数，但不属用于涨价预备费的范畴；建设期利息、铺底流动资金与任何预备费的计算无关。故本题选 AB。

65. BD【解析】人工定额按表现形式不同可分为时间定额和产量定额，按定额的对象不同，分为单项工序定额和综合定额。故本题选 BD。

66. ABCE【解析】材料消耗定额，按其使用性质、用途和用量大小分为：主要材料、周转材料、辅助材料、零星材料。故本题选 ABCE。

67. ABCE【解析】理论计算法是根据设计、施工验收规范和材料规格等，从理论上计算材料的净用量；测定法是根据试验情况和现场测定的资料数据确定材料的净用量；图纸计算法是根据选定的图纸，计算各种材料的体积、面积、延长米或重量。因此，选项 A、B、C 均可用于材料净用量估算。而选项 E 经验法是根据历史上同类项目的经验进行估算，应用范围非常广泛，当然也可以用于材料净用量估计。至于选项 D 定额估价法是一种价格（造价）的估算方法，不适用于消耗量估计。故本题选 ABCE。

68. ABCD【解析】设计概算是投资、计划、贷款、签约的依据，也是控制施工图预算和设计的依据以及考核评价投资效果的依据。故本题选 ABCD。

69. ABCD【解析】工程概算分为建设项目总概算、单项工程综合概算和单位工程概算，单项工程概算由其所属的单位工程概算汇总而成，只包含工程费用，但是当建设项目只有一个单项工程时，建设项目投资中工程建设其他费用计入单项工程概算，此时的单项工程概算相当于总概算，除了应包括选项 A 建筑工程概算和选项 B 设备及安装工程概算外，还应包括建设期利息和选项 D。预备费等投资费用，至于选项 E 索赔费用是合同履行过程中可能发生的，并且应尽量避免，因此在概算中不会单独有这一项。故本题选 ABCD。

70. BCDE【解析】对于工程造价管理部门而言，施工图预算是监督检查执行定额标准、合理确定工程造价、测算造价指数及审定招标工程标底的重要依据。故本题选 BCDE。

71. ABCE【解析】财务会计采用统一的财务会计制度和准则，主要为投资人、债权人、政府及其有关部门和社会公众等服务。故本题选 ABCE。

72. BCDE【解析】会计的计量属性主要包括：历史成本、重置成本，可变现净值，现值，公允价值。故本题选 BCDE。

73. ABC【解析】费用按经济内容和性质进行分类，可分为购置劳动对象的费用、购建劳动资料的费用和支付职工薪酬的费用。按经济用途分为生产费用和期间费用。故本题选 ABC。

74. CD【解析】费用可能表现为资产的减少，或负债的增加，或者兼而有之。费用将引起所有者权益的减少。故本题选 CD。

75. ABC【解析】租赁费中的利息、手续费以及融资租赁设备的折旧费均可在税前支付，可以减轻所得税负担。故本题选 ABC。

76．BC【解析】净资产收益率是指企业本期净利润和净资产的比率，是反映企业盈利能力的核心指标。该指标越高，净利润越多，说明企业盈利能力越好。净资产收益率的计算公式如下：净资产收益率=净利润/净资产×100%。故本题选 BC。

77．ADE【解析】本题考查的是价值工程的特点。价值工程具有 6 个特点。（1）价值工程的目标，是以最低的寿命周期成本，实现产品的必须具备的功能；（2）价值工程的核心，是对产品解析功能分析；（3）价值工程将产品价值、功能和成本作为一个整体同时来考虑；（4）价值工程强调不断改革和创新；（5）价值工程要求将功能定量化；（6）价值工程是以集体智慧开展的有计划、有组织、有领导的管理活动。故本题选 ADE。

78．ACE【解析】租赁费用由租赁保证金、租金和担保费 3 项构成。故本题选 ACE。

79．ACE【解析】其他费用包括其他制造费用、其他管理费用和其他营业费用这 3 项费用，是指制造费用、管理费用和营业费用中分别扣除工资及福利费、折旧费、摊销费、修理费以后的其余部分，应计入生产总成本费用的其他所有费用。故本题选 ACE。

80．BDE【解析】对于经营性方案，经济效果的评价是从拟定技术方案的角度出发，根据国家现行的财政、税收制度和现行市场价格，计算拟定技术方案的投资费用、成本与收入、税金等财务数据，通过编制财务分析报表，计算财务指标，分析拟定技术方案的盈利能力、偿债能力和财务生存能力，据此考察拟定技术方案的财务可行性和财务可接受性。故本题选 BDE。

2017版全国一级建造师执业资格考试
《建设工程经济》
模拟试卷（三）参考答案及解析

一、单项选择题

1. C【解析】甲技术的成本为20+300×6%=38（万元）；乙技术的成本为10+400×6%=34（万元）。所以应该选择乙技术。故本题选C。

2. A【解析】价值系数=功能成本/现实成本。一般来讲，价值系数=1为最佳，无须改进。故本题选A。

3. D【解析】用价值工程进行成本评价确定改进对象，应选择ΔC=（C−F）值大的功能。所以选丁工程。故本题选D。

4. B【解析】这个题目考核的是提高价值的途径。这个题目中功能没有变化，但是成本降低了20万元，故本题选B。

5. A【解析】这个题目稍微有点难度，里面干扰项比较多，但是考生只要抓住沉没成本的核心这个题就不会做错。沉没成本=账面价值−当前市场价值=1.6−1=0.6（万元）。故本题选A。

6. A【解析】关于经营成本计算题的考核，书上有2个公式，这一块考了十几年了，从来没有超纲。这个题目经营成本=总成本费用−折旧−摊销−利息支出=120−20−8−0=92（万元）。故本题选A。

7. C【解析】本题考核的是经济效果评价方法。经济效果评价方法按技术方案评价的时间可分为事前评价、事中评价和事后评价。故本题选C。

8. C【解析】本题考核的是利息的计算。根据计算公式：$I_i=P\times i_{单}$，本题的计算过程为：第4年年末应偿还的本利和=1 500×（1+4×10%）=2 100（万元）。故本题选C。

9. B【解析】本题考核的是复利的计算。在复利计算中，利率周期通常以年为单位，它可以与计息周期相同，也可以不同。当计息周期小于1年时，就出现了名义利率和有效利率的概念。本题中没有明确出现复利概念，但是由于按季度计息，所以事实上也是复利计息。其正确的计算公式为：$(1+12\%/4)^4-1=12.55\%$。故本题选B。

10. C【解析】对于一个技术方案，其每次现金流量的流向（支出或收入）、数额和发生时间都不尽相同，为了正确地进行工程经济分析计算，我们有必要借助现金流量图来进行分析。运用现金流量图，就可全面、形象、直观地表达技术方案的资金运动状态。但是在绘制现金流量图时必须注意：（1）以横轴为时间轴，向右延伸表示时间的延续，轴上每一刻度表示一个时间单位，可取年、半年、季或月等；时间轴上的点称为时点，通常表示的是该时间单位末的时点；0表示时间序列的起点。整个横轴又可看成是我们所考察的“技术方案”。（2）相对于时间坐标的垂直箭线代表不同时点的现金流量情况，现金流量的性质（流入或流出）是对特定的人而言的。对投资人而言，在横轴上方的箭线表示现金流入，即表示收益；在横轴下方的箭线表示现金流出，即表示费用。（3）在现金流量图中，箭线长短与现金流量数值大小应成比例，并在各箭线上方（或下方）注明其现金流量的数值。（4）箭线与时间轴的交点即为现金流量发生的时点。故本题选C。

11. A【解析】本题考核的是等额支付系列终值的计算。根据计算公式：$F=A\times\frac{(1+i)^n-1}{i}$，本题的计算过程为：可回收资金$=500\times\left[(1+8\%)^3-1\right]/8\%\approx1623.2$(万元)。故本题选A。

12. C【解析】固定成本是指在技术方案一定的产量范围内不受产品产量影响的成本，即不随产品产量的增减发生变化的各项成本费用；可变成本是随技术方案产品产量的增减而成正比例变化的各项成本；半可变（或半固定）成本是指介于固定成本和可变成本之间，随技术方案产量增长而增长，但不成正比例变化的成本。由于半可变（或半固定）成本通常在总成本中所占比例很小，在技术方案经济效果分析中，为便于计算和分析，可以根据行业特点情况将产品半可变（或半固定）成本进一步分解成固定成本和可变成本。长期借款利息应视为固定成本；流动资金借款和短期借款利息可能部分与产品产量相关，其利息可视为半可变（或半固定）成本，为简化计算，一般也将其作为固定成本。故本题选C。

13. B【解析】资本金现金流量表是以技术方案资本金作为计算的基础，把借款本金偿还和利息支付作为现金流出，用以计算资本金财务内部收益率，反映在一定融资方案下投资者权益投资的获利能力。故本题选B。

14. A【解析】本题考核的是设备磨损的类型。有形磨损包括：（1）设备在使用过程中，在外力的作用下实体产生的磨损、变形和损坏；（2）设备在闲置过程中受自然力的作用而产生的实体磨损。设备无形磨损（经济磨损）不是由生产过程中使用或自然力的作用造成的，而是由于社会经济环境变化造成的设备价值贬值，是技术进步的结果。设备的综合磨损是指同时存在有形磨损和无形磨损的损坏和贬值的综合情况。故本题选A。

15. C【解析】本题考核的是影响设备租赁与购买的主要因素。设备购置取得了设备的所有权，设备租赁取得了设备在一定期限内的使用权。其中，由于出租人通常负责设备的保养维修，对保养维修复杂的设备，宜优先考虑租赁；对于技术过时风险小、保养维修简单和使用时间较长的设备，宜优先考虑购买。故本题选 C。

16．C【解析】总资产净利率=净利润/总资产。净利润=利润总额−所得税；公式里面的总资产一定要注意，应该取期初总资产和期末总资产之和的平均值。净利润=21−1=20（万元）；总资产=（100+120）/2=110（万元）。所以总资产净利率=20/110=18.18%。故本题选 C。

17．B【解析】营业利润=营业收入−营业成本−财务费用−管理费用=5 000−3 000−400−600=1 000（万元）。故本题选 B。

18．A【解析】《企业所得税法》第五条规定，企业每一纳税年度的收入总额，减除不征税收入、免税收入、各项扣除以及允许弥补的以前年度亏损后的余额，为应纳税所得额。注意扣除的时候顺序不能乱。故本题选 A。

19．D【解析】本题中，2016 年年末累计进度为 60%，意思是包括 2016 年年末之前的总的进度是 60%，那么到 2016 年年末为止总的合同收入应该是 5 000×60%=3 000（万元），题目中已知 2015 年年末之前总的收入是 1 000 万元，那么 2016 年当年的收入就是 3 000−1 000=2 000（万元）。故本题选 D。

20．D【解析】本题考核的是会计的基本职能。注意区分其现代延伸职能。财务会计的内涵决定了财务会计具有核算和监督两项基本职能。会计的职能随着经济的发展和会计内容、作用的不断扩大而发展。现代会计职能还包括预测、决策、评价等，但核算和监督两项基本职能始终不变。预测、决策、评价等职能是建立在两项基本职能的基础之上的。故本题选 D。

21．D【解析】权责发生制要求凡是当期已经实现的收入和已经发生或应当负担的费用，不论款项是否收付，都应当作为当期的收入和费用，计入利润表；凡是不属于当期的收入和费用，即使款项已在当期收付，也不应作为当期的收入和费用。故本题选 D。

22．A【解析】收入、费用、利润是反映某一时期经营成果的会计要素。故本题选 A。

23．A【解析】工程成本核算对象的确定方法主要有：以单项建造合同作为施工成本核算对象。对合同分立以确定施工工程成本核算对象。对合同合并以确定施工工程成本核算对象。工程成本核算对象宜在开工前确定，并且确定后不得随意变更。故本题选 A。

24．C【解析】本题考核的是趋势分析法。采用趋势分析法对不同时期财务指标的比较，可以有定基指数和环比指数两种方法。采用该方法，可以分析变化的原因和性质，并预测企业未来的发展前景。趋势分析法通常采用定基指数，其优点是简便、直观。故本题选 C。

25．B【解析】根据建设项目财务评价各项指标（盈利能力分析）的判别准则，若投资回收期小于或等于行业标准投资回收期，则该方案可行。选项 A、C、D 都是盈利能力指标判断的正确准则。因此，B 选项说法错误。故本题选 B。

26．D【解析】速动资产=流动资产−存货=货币资金+交易性金融资产+应收票据+应收账款+其他应收款。故本题选 D。

27．B【解析】短期负债筹资通常具有以下特点：（1）筹资速度快。由于短期筹资的到期日短，债权人承担风险相对较低，不需要和长期筹资一样对筹资方进行全面的财务调查，因此更容易筹集。（2）筹资弹性好。在筹集长期资金时资金提供方出于资金安全的考虑往往提出较多的限制条件，而短期筹资的限制条件相对较少，使得筹资方在资金的使用上更加灵活、富有弹性。（3）筹资成本较低。由于短期筹资到期日短，债权人承担的风险也相对较低，因此向筹资方索取的资金使用成本也较低。（4）筹资风险高。短期筹资需要在短期内偿还，因此要求筹资方要能在较短时间内拿出足够资金偿还债务，这对筹资方的资金营运提出了较高要求。此外，短期筹资的利率通常波动较大，无法在较长时期内将筹资成本锁定在某个较低水平，因此有可能高于长期负债的利率水平。故本题选 B。

28．B【解析】第一年应计息=（0+1/2×2000）×8%=80（万元）；

第二年应计息=（2 000+80+1/2×3 000）×8%=286.4（万元）；

建设期利息=80+286.4=366.4（万元）。故本题选 B。

29．A【解析】企业现金管理的目标，就是要在资产的流动性和盈利能力之间做出抉择，以获取最大的长期利益。企业发生应收账款的主要原因是扩大销售，增强竞争力，那么其管理的目标就是求得利润。进行存货管理，就要尽力在各种存货成本与存货效益之间做出权衡，达到两者的最佳结合。这也就是存货管理的目标。现金的管理除了做好日常收支，加速现金流转速度外，还需控制好现金持有规模，即确定适当的现金持有量。故本题选 A。

30．C【解析】基本预备费=（设备及工器具购置费+建安工程费+工程建设其他费）×基本预备费率=（600+1 000+100）×10%=170（万元）。故本题选 C。

31．C【解析】本题考核的是进口设备抵岸价的计算。进口设备抵岸价=货价+国外运费+国外运输保险费+银行财务费+外贸手续费+进口关税+增值税+消费税；外贸手续费=进口设备到岸价×人民币外汇牌价×外贸手续费率；进口关税=到岸价×人民币外汇牌价×进口关税率。本题的计算过程为：进口设备抵岸价=650+5.5+650×1.5%+650×20%+156=951.25（万元）。故本题选 C。

32．A【解析】涨价预备费=（2 000+3 000）×[（1+3%）−1]=150（万元）。建设投资=2 000+3 000+600+150+180=5 930（万元）。注意建设投资不含铺底流动资金，总投资才含铺底流动资金。故本题选 A。

33．C【解析】本题考核的是短期筹资的方式。作为短期筹资（商业信用筹资），根据现行规定，银行承兑汇票和商业承兑汇票等应付票据的最长支付期，不能超过 6 个月。故本题选 C。

34．A【解析】本题考核的是机械时间定额的计算。单位产品机械时间定额（台班）=1/台班产量，本题的计算过程为：机械时间定额=1/5=0.2（台班）。故本题选 A。

35．B【解析】本题考核的是进度款。首先，计算工程预付款的起扣点，T=1 000−150/50%=700

（万元）；其次，基于此前已支付的工程进度款600万元，如果本月支付200万元的进度款，则累计 800 万元，将超过工程预付款的起扣点；最后，计算当月应付进度款=200−（800−700）×50%=150（万元）。大家注意预付款的含义就是为了让施工单位在进场前准备构件和材料，所以扣的时候也是扣除构件和材料的比重，即100万元的50%。故本题选B。

36．C【解析】工程预付款的起扣点的计算公式：$T=P-M/N$

式中，T——起扣点，即工程预付款开始扣回的累计已完工程价值；

P——承包工程合同总额；

M——工程预付款数额；

N——主要材料及构件所占比重。

故本题的起扣点=400−400×15%/50%=280（万元）。故本题选C。

37．C【解析】实行清单计价时，实际工程量与估计工程量差别较大时，应调整合同单价，这是单价合同的一般原则，背景明确了此类原因可以调整单价并约定了单价调整的方法。背景中，实际工程量与估计工程量差别为13.3%，超过10%，并且是减少工程量，根据常规情况，工程量减少，应调高单价，即调价系数应取1.1，总价=2 600×200×1.1=572 000（元）=57.2（万元）。故本题选C。

38．C【解析】本题考核的是固定资产折旧的方法。固定资产折旧分为平均折旧和加速折旧两类。加速折旧法是指固定资产投入使用后，前期折旧多，后期折旧少的方法。平均年限法是指将固定资产按预计使用年限平均计算折旧均衡地分摊到各期的一种方法。工作量法是按照固定资产预计可完成的工作量计提折旧额的一种方法。里程法是工作量法的一种具体表现形式。平均年限法、工作量法、里程法都是按照一定的标准（时间、工作量、里程）平均计算折旧的方法。双倍余额递减法，是在不考虑固定资产预计净残值的情况下，根据每年年初固定资产净值和双倍的直线法折旧率计算固定资产折旧额的一种方法，由于每年年初固定资产净值逐渐减少，所以是一种快速折旧法。故本题选C。

39．A【解析】招标工程以投标截止日前28天，非招标工程以合同签订前28天为基准日，其后因国家的法律、法规、规章和政策发生变化引起工程造价增减变化的，发承包双方应当按照省级或行业建设主管部门或其授权的工程造价管理机构据此发布的规定调整合同价款。但因承包人原因导致工期延误的，按上述规定的调整时间，在合同工程原定竣工时间之后，合同价款调增的不予调整，合同价款调减的予以调整。故本题选A。

40．C【解析】成本包括人工费、材料费、机械费、措施费。履约担保费不算。所以成本=25+60+5=90（万元）。故本题选C。

41．A【解析】本题考核的是建设工程项目总投资的组成。建设投资可以分为静态投资部分和动态投资部分。其中，静态投资部分由建筑安装工程费、设备及工器具购置费、工程建设其他费和基本预备费组成。流动资金，属于建设工程项目总投资，但不属于建设投资。故本题选A。

42．D【解析】本题考核的是建设项目投资估算的基本原理。设备购置分为国产标准设备、国产非标准设备和进口设备等类型。正确回答该问题需要理解设备购置费估算的原理以及进口设备价格范畴的基本含义。设备购置费为设备购置价款加上国内运杂费。在备选答案中，答案A装运港船上交货价卖方在出口国装运港完成交货任务，运达国内还需要其他费用；装运港船上交货价（FOB），习惯称为离岸价，所以答案C与A相同；答案B是离岸价加上国外运费和运输保险费的价格，即进口设备到岸价（CIF）=离岸价（FOB）+国外运费+国外运输保险费。而设备真正进口到国内，还可能需要关税、增值税和消费税。只有抵岸价才是完成上述进口环节后的价格。故本题选D。

43．A【解析】本题考核的是设备及工器具购置费的组成。对于已经形成产品系列、可以批量生产的标准设备，它常采用设备制造厂的交货价，即出厂价。而且，一般应按带有备件的出厂价计算。故本题选A。

44．A【解析】施工项目部对进场建筑材料进行一般鉴定检查所发生的费用属于检验试验费。而2013年44号文明确规定，材料的检验试验费属于管理费用。故本题选A。

45．B【解析】规费是指按国家法律、法规规定，由省级政府和省级有关权力部门规定必须缴纳或计取的费用。包括：（1）社会保险费。社会保险费包括：①养老保险费：是指企业按照规定标准为职工缴纳的基本养老保险费。②失业保险费：是指企业按照规定标准为职工缴纳的失业保险费。③医疗保险费：是指企业按照规定标准为职工缴纳的基本医疗保险费。④生育保险费：是指企业按照规定标准为职工缴纳的生育保险费。⑤工伤保险费：是指企业按照规定标准为职工缴纳的工伤保险费。（2）住房公积金：是指企业按规定标准为职工缴纳的住房公积金。（3）工程排污费：是指按规定缴纳的施工现场工程排污费。故本题选B。

46．A【解析】该问题是一个记忆性的题目，考核的是有关人工工资单价的规定，是建筑安装工程发放人工工资、测算人工费用的重要基础，必须清楚。根据规定，最低日工资单价不得低于工程所在地人力资源和社会保障部门所发布的最低工资标准的：普工1.3倍；一般技工2倍；高级技工3倍。故本题选A。

47．C【解析】本题考核的是建筑安装工程计价公式。在备选答案中，施工企业完成建设单位提出的施工图纸以外的零星项目或工作所需的计日工，竣工结算时需要按照双方签证计算；总承包服务费、专业工程金额和索赔，分别按照合同约定、合同约定和双方确认数额计算。故本题选C。

48．B【解析】本题考核的是施工定额。施工定额是建设工程定额中分项最细、定额子目最多的一种定额，也是建设工程定额中的基础性定额。施工定额由人工定额、材料消耗定额和施工机械台班使用定额所组成。故本题选 B。

49. C【解析】本题考核的是定额测定的水平。正确选择该题应注意不同定额的作用，也有不同的定额水平。定额是完成工作应达到的水平，选项 A 强调科学的技术和组织，但现实中不一定都能够按此标准组织施工生产，故该选项不正确。而选项 B 是需要较高的水平才能达到，对于某些企业（如技术管理水平高、工人素质较高的企业）可以作为其自身定额的水平。本题是考核的人工定额，具有通用指导作用，在备选选项 C 和 D 中，看起来差不多，但是定额是在测定时间消耗的基础上制订的，所以在什么范围内平均以及如何平均都缺乏可操作性，而且正常的水平在量上也不是简单等于平均数，综合比较而言，最适合的选项是 C。故本题选 C。

50. D【解析】本题考核的是设计概算的分级分类。熟悉设计概算的分级以及相应编制依据是回答本题的关键。设计概算根据范围编制分为三级，那么备选答案肯定只有一个不属于范畴，这里注意理解的是，概算是以扩大的分部分项工程和相应的定额或指标为基础编制的，对工程项目划分后，概算是根据扩大分部分项工程编制的，比分部分项工程要综合，因此，不可能有分部分项工程这一级的概算，也可以采用排除法，即建设项目的分解及其对应的关系，建设项目、单项工程、单位工程、分部分项工程都是建设工程分解的层次，都应该有相应的概算，只要注意概算分为三级，也可以判断前三级概算应该是有的，采用排除法，也可以选定选项 D。故本题选 D。

51. A【解析】本题考核的是设计概算的内容和作用。设计概算是由设计单位根据初步设计图纸及说明、概算定额、取费标准等资料或参照类似工程预决算文件，编制和确定的建设工程项目从筹建至竣工交付使用所需全部费用的文件。特别注意是从筹建开始，不是从施工开始。故本题选 A。

52. D【解析】计算人、料、机费用时需注意以下几项内容：（1）分项工程的名称、规格、计量单位与定额单价或单位估价表中所列内容完全一致时，可以直接套用定额单价；（2）分项工程的主要材料品种与定额单价或单位估价表中规定材料不一致时，不可以直接套用定额单价，需要按实际使用材料价格换算定额单价；（3）分项工程施工工艺条件与定额单价或单位估价表不一致而造成人工、机械的数量增减时，一般调量不换价；（4）分项工程不能直接套用定额、不能换算和调整时，应编制补充单位估价表。故本题选 D。

53. B【解析】从传统意义上来讲，施工图预算是指在施工图设计完成以后，按照主管部门制定的预算定额、费用定额和其他取费文件等编制的单位工程或单项工程预算价格的文件；从现有意义上讲，建设工程项目施工图预算只要是按照施工图纸以及计价所需的各种依据在工程实施前所计算的工程价格，均可以称为施工图预算价格，该施工图预算价格可以是按照主管部门统一规定的预算单价、取费标准、计价程序计算得到的计划中的价格，也可以是根据企业自身的实力和市场供求及竞争状况计算的反映市场的价格。所以选项 C 不正确；在竞争激烈的建筑市场，施工单位需要根据施工图预算造价，结合企业的投标策略，确定投标报价。施工图预算是确定投标报价的依据。施工图预算可以由建设单位组织编制，也可以由施工单位编制。所以选项 A 和选项 D 不正确。故本题选 B。

54. C【解析】当建设工程条件相同时，用同类已完工程的预算或未完但已经过审查修正的工程预算审查拟建工程的方法是对比审查法。故本题选 C。

55. B【解析】招标工程量清单应由具有编制能力的招标人或受其委托、具有相应资质的工程造价咨询人进行编制。故本题选 B。

56. B【解析】招标工程量清单必须作为招标文件的组成部分，由招标人提供，并对其准确性和完整性负责。故本题选 B。

57. D【解析】分部分项工程量清单项目编码以五级编码设置，用十二位阿拉伯数字表示。第一级分二位，第二级分二位，第三级分二位，第四级分三位，第五级分三位。其中一级、二级、三级、四级编码为全国统一；第五级编码由工程量清单编制人根据不同的清单项目特征而分别编制。故本题选 D。

58. C【解析】本题考核的是招标控制价的相关概念。国有资金投资的建设工程招标，招标人必须编制招标控制价。根据《中华人民共和国招标投标法》的规定，国有资金投资的工程项目进行招标，招标人可以设标底。当招标人不设标底时，为有利于客观、合理地评审投标报价和避免哄抬标价，造成国有资产流失，招标人必须编制招标控制价，作为投标人的最高投标限价，招标人能够接受的最高交易价格。我国对国有资金投资项目实行的是投资概算审批制度，国有资金投资的工程项目原则上不能超过批准的投资概算。故本题选 C。

59. B【解析】暂列金额应按照其他项目清单中列出的金额填写，不可以变动。故本题选 B。

60. C【解析】本题考核的是施工索赔。承包商自有施工机械的索赔费用应按照机械的折旧费计算。故本题选 C。

二、多项选择题

61. ABCE【解析】承包人应根据办理的竣工结算文件向发包人提交竣工结算款支付申请。申请应包括内容：竣工结算合同价款总额；累计已实际支付的合同价款；应预留的质量保证金；实际应支付的竣工结算款金额。故本题选 ABCE。

62. ACE【解析】本题考核的是因发包人违约解除合同。在备选答案中，选项 B、D 分别属于因承包人违约、因不可抗力解除合同时的计价和支付原则。故本题选 ACE。

63. BCE【解析】国际工程投标报价的动态分析类似于项目投资的敏感性分析，主要考虑工期延误、物价和工资上涨及其他可变因素的影响。故本题选 BCE。

64. ABC【解析】对于招标控制价，清单计价规范规定：（1）国有资金投资的建设工程招标，招标人必须编制招标控制价。招标人必须编制招标控制价，作为投标人的最高投标限价，招标人能够接受的最高交易价格。（2）招标控制价超过批准的概算时，招标人应将其报原概算审批部门审核。（3）投标人的投标报价高于招标控制价的，其投标应予以拒绝。（4）招标控制价应由具有编制能力的招标人或受其委托具有相应资质的工程造价咨询人编制和复核。工程造价咨询人不得同时接受招标人和投标人对同一工程的招标控制价和投标报价的编制。（5）招标控制价应在招标文件中公布，为体现招标的公平、公正，防止招标人有意抬高或压低工程造价，招标人应在招标文件中如实公布招标控制价各组成部分的详细内容，不得对所编制的招标控制价进行上调或下浮。故本题选 ABC。

65. ABD【解析】《建设工程工程量清单计价规范》（GB 50500—2013）中分部分项上程或可计量的措施项目单价采用综合单价，即除工人、材料、机具使用费用外，还将企业管理费和利润计入单价，形成综合单价，以鼓励竞争。同时纳入其他项目费的项目也可以竞争。《建设工程工程量清单计价规范》（GB 50500—2013）同时规定，规费和税金作为应缴纳的项目，应单独列出且不能作为竞争性费用，其他费用可自主竞价。故本题选 ABD。

66. ABD【解析】工程量清单的作用存在于招投标到竣工结算全过程，其是竣工结算的依据不是竣工验收的依据，也不是签订合同的基础是调整合同价的基础。故本题选 ABD。

67. ACDE【解析】常规施工组织设计可以确定的是“二冬夜已安”：材料二次搬运费、冬雨季施工费、夜间施工增加费、已完工程保护费、安全文明施工费（环境保护费、临时设施费、安全施工费、文明施工费）。只有常规的施工技术方案才能确定：大型机械设备进出场及安拆费。故本题选 ACDE。

68. ABCD【解析】分项工程的名称、规格、计量单位与定额单价或单位估价表中所列内容完全一致时直接套用；不一致时换算后套用；数量增减时调量不调价；不能直接套用编制补充表。故本题选 ABCD。

69. ABCE【解析】设备及安装工程概算一般包括：机械设备及安装工程概算；电气设备及安装工程概算；热力设备及安装工程概算；工器具及生产家具购置费用概算。故本题选 ABCE。

70. CD【解析】本题考核的是会计要素的组成。根据我国现行《企业会计准则》，应列入流动负债的会计要素，应满足预计在一个正常营业周期中清偿、主要为了交易目的而持有等。在备选答案中，包括短期借款、应付工资；选项 A 属于非流动负债；选项 B、E 属于流动资产。故本题选 CD。

71. ABCD【解析】固定资产折旧方法包括年限平均法、工作量法、双倍余额递减法和年数总和法等。故本题选 ABCD。

72. BCDE【解析】其他业务收入也称附营业务收入，是指企业非经营性的、兼营的业务所产生的收入，如销售原材料、转让技术、代购代销、出租包装物等取得的收入。故本题选 BCDE。

73. ABCD【解析】《企业所得税法》所称应纳税所得额，是指企业每一纳税年度的收入总额，减除不征税收入、免税收入、各项扣除以及允许弥补的以前年度亏损后的余额。应纳税所得额计算公式为：应纳税所得额=每一纳税年度收入总额−不征税收入−免税收入−各项扣除项目−允许弥补的以前年度亏损。故本题选 ABCD。

74. ABC【解析】本题考核的是财务计划净现金流量表的主要构成项目。财务计划现金流量表反映技术方案计算期各年的投资、融资及经营活动的现金流入和流出，用于计算累计盈余资金，分析技术方案的财务生存能力。故本题选 ABC。

75. BE【解析】企业发展能力的主要指标有营业增长率和资本积累率。故本题选 BE。

76. ADE【解析】融资租赁的租金由资产成本及资产成本利息、手续费 3 部分组成。故本题选 ADE。

77. ABD【解析】根据公式 $i_{eff}=\left(1+\frac{r}{m}\right)^m-1$，$i_{eff}$ 为有效利率，r 为名义利率，可知，有效利率和名义利率实质上与复利和单利的关系一样；每年计息周期数越多，则年有效利率和名义利率的差异越大；当 m=1 时，年有效利率等于年名义利率，故年有效利率一定不小于年名义利率；计息周期名义利率等于计息周期实际利率；在工程经济分析时，如果各技术方案的计息期不同，就不能简单得使用名义利率来评价，而必须换算成有效利率进行评价，否则会得出不正确的结论。故本题选 ABD。

78. ACE【解析】从图可知，销售收入线与总成本线的交点是盈亏平衡点（BEP），也叫保本点。表明技术方案在产销量下总收入与总成本相等，既没有利润，也不发生亏损。在此基础上，增加产销量，销售收入超过总成本，收入线与成本线之间的距离为利润值，形成盈利区；反之，形成亏损区。盈亏平衡分析是通过计算技术方案达产年盈亏平衡点（BEP），分析技术方案成本与收入的平衡关系，判断技术方案对不确定性因素导致产销变化的适应能力和抗风险能力，盈亏平衡点越低，达到此点的盈亏平衡产销量就越少，技术方案投产后盈利的可能性越大，适应市场变化的能力越强，抗风险能力也越强。故本题选 ACE。

79. AC【解析】经济寿命是指设备从投入开始，到继续使用在经济上不合理而被更新所经历的时间。它是由设备维护费用的提高和使用价值的降低所决定的，设备使用的年限越长，所分摊的年资产消耗成本就会越少。但是随着设备使用年限的增加，一方面需要更多的维护费维持原有的功能；另一方面设备的操作成本及原材料、能耗费用也会增加，年运行时间、生产效率、质量下降。年资产消耗成本的降低，会被年度运行成本的增加或收益的下降所抵消。故本题选 AC。

80. ABCD【解析】对产品进行价值分析，就是使产品每个构配件的价值系数尽可能趋近于 1。为此，确定的改进对象包括：（1）F_i/C_i 值低的功能。计算出来的 $V_1<1$ 的功能区域，基

本上都应进行改进，特别是 V_1 值比 1 小得较多的功能区域，力求是 $V_1=1$。（2）$\Delta C_i=(C_i-F_i)$ 值大的功能。ΔC_i 是成本减低期望值，也是成本应减低的绝对值。当 n 个功能区域的价值系数同样低时，就要有限选择 ΔC_i 数值大的功能区域作为重点对象。（3）复杂的功能。复杂的功能区域，说明其功能是通过很多构配件（或作业）来实现的，通常复杂的功能区域其价值系数也较低。（4）问题多的功能。故本题选 ABCD。

2017版全国一级建造师执业资格考试
《建设工程经济》
模拟试卷（四）参考答案及解析

一、单项选择题

1. A【解析】很多同学做了很多关于沉没成本的题目后，一看到这类题目直接套用沉没成本的计算公式，但是这个题目有陷阱，他没有问你沉没成本，而是问你设备当前的价值。当前价值应该为残值1万元。故本题选A。

2. D【解析】这个是国家法律规定，对原油和天然气采用从价定率的方法征税，税率为5%～10%。故本题选D。

3. C【解析】这个题目考核的是经营成本的计算公式。故本题选C。

4. D【解析】《计价规范》明确规定，清单计价采用不完全费用综合单价法，投标人根据掌握的各种市场信息（包括人工、材料、机械价格等），施工经验，结合企业自身的工、机、料消耗（即企业定额），考虑风险因素等对工程量清单计价格式中列明的所有需要填报的单价和合价，均应填报。未填报的单价和合价，招标人视为此项费用已包含在工程量清单的其他单价和合价中。故本题选D。

5. C【解析】这个题目难度极高，但是这个题目很清楚的阐述了敏感度系数这个考点。这个题目的关键是计算敏感度系数，敏感度系数=评价指标的变化率/不确定因素的变化率，评价指标是内部收益率，变化率分别为（8%−18%）/18%=−0.56，（11%−18%）/18%=−0.39，（9%−18%）/18%=−0.5；不确定因素的变化率分别为−3%、3%、3%；那么敏感度系数分别为：产品价格−0.56/0.03=−18.67；原材料−0.39/0.03=−13；建设投资−0.5/0.03=−16.67。不管正负号，只比较绝对值大小，绝对值越大表明越敏感。所以按照敏感度从大到小排序产品价格＞建设投资＞原材料。故本题选C。

6. B【解析】根据“评审操作规程”，设计概算应由项目建设单位提供、报审。而且，评审应包括项目建设程序、建筑安装工程概算、设备投资概算、待摊投资概算和其他投资概算等。故本题选B。

7. A【解析】首先得把量本利模型公式记住，利润=销售收入−固定成本−可变成本−营业税金及附加。设达到100万元利润年产量为Q，那么100万元=400Q−300万元−150Q−50Q。计算可得Q=2万元。故本题选A。

8. C【解析】本题考核的是资产的分类，要注意区分流动资产和非流动资产两类。选项A属于会计要素中的负债；选项B无形资产指企业为生产商品或者提供劳务、出租给他人，或为管理目的而持有的、没有实物形态的非货币性长期资产，如专利权、商标权、土地使用权等；选项C流动资产是可以在一年内或超过一年的一个营业周期内变现、耗用的资产，如现金、银行存款、应收款项、短期投资、存货等；选项D其他资产如长期待摊费用、银行冻结财产、诉讼中的财产等。故本题选C。

9. A【解析】定额计价模式下，编制施工图预算采用的是工料单价法，不同于清单计价模式下采用综合单价，工料单价法对于分项工程的单价只包含了人工、材料和机械台班费用，管理费用和利润另外计算，所以选项C、D不正确，需要注意的是名称虽然叫工料单价，但其包括了直接人工、材料和机械费用，因此最适合的是选项A而不是选项B。故本题选A。

10. D【解析】利息备付率为息税前利润与当期应付利息的比值。正常情况下应该大于1，一般情况下不宜低于2。故本题选D。

11. B【解析】这个题目综合性很强，首先要明白什么是FNPV，什么是FIRR。FNPV是财务净现值，FIRR是财务内部收益率。财务内部收益率是财务净现值等于0的折现率。那么随着折现率的不断增大，财务净现值是不断减小的。如下图所示，那么当i=18%时，FNPV大于0，可以断定FIRR（图中i_2）肯定大于18%。选择A无法判断，选项C错误，选项D FNPV（16%）＞0。故本题选B。

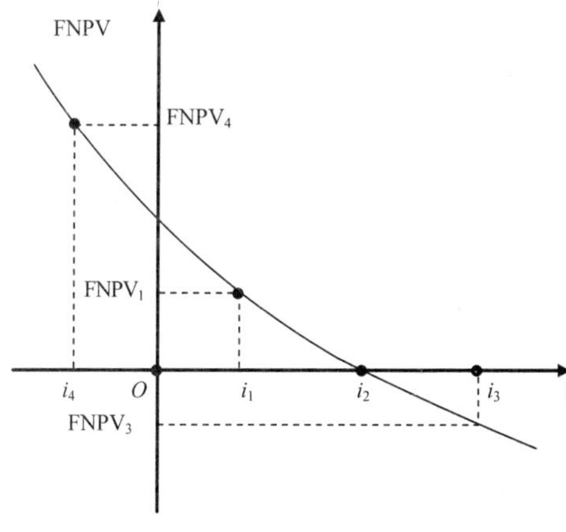

12. C【解析】本题考核的是固定资产折旧过程中的影响因素。固定资产折旧既指固定资产在使用过程中会逐渐损耗的现象，也指固定资产在使用过程中因逐渐损耗而转移到产品成本或商品流通费的那部分价值，是固定资产价值的一种补偿方式。会计上，折旧就是指在固定资产使用寿命内，按照确定的方法对应计折旧额进行系统分摊，其影响因素包括固定资产原价、预计净残值、固定资产使用寿命。故本题选C。

13．C【解析】计算静态投资回收期，只看累计净现金流量这一行，如果题目中没有直接告诉累计净现金流量，那么需要自己计算一下。但是这个题目中已经很明确告诉了，这个题目类似于 2012 年、2013 年、2014 年的考试题目，非常简单。套公式为（6−1）+200/500=5.4（年）。故本题选 C。

14．C【解析】本题考核的是营业收入的主要特征，企业的营业收入是狭义上的收入，是指在销售商品、提供劳务及让渡资产使用权等日常活动中形成的经济利益的总流入，包括主营业务收入和其他业务收入，不包括为第三方或客户代收的款项，因此，选项 A、B、D 是正确的。收入能导致企业所有者权益的增加，收入是与所有者投入无关的经济利益的总流入，这里的流入是总流入，而不是净流入。根据“资产=负债+所有者权益”的会计恒等式，收入无论表现为资产的增加还是负债的减少，最终必然导致所有者权益增加。不符合这一特征的经济利益流入，也不是企业的收入。因此，选项 C 是错误的表述。故本题选 C。

15．C【解析】这个题目看似是考核计算题，实际上是考核总投资收益率的概念，只要明确总投资收益率是达到设计生产能力的正常年份的年利润总额与方案投资总额的比率。总投资收益率=1 200/（5 000+450）=22%。故本题选 C。

16．B【解析】建造合同的收入包括两部分：合同规定的初始收入和合同变更、索赔、奖励等形成的收入。故本题选 B。

17．D【解析】这个题目如果按照选项一个一个计算的话，是很复杂的。考生只需要掌握一点即可，本金不会变，但是利息是复利计算的，早还利息的话后面就少还点，所以利息额最多的就是第 5 年年末再还利息。故本题选 D。

18．C【解析】如果考场上真的考核这种题，不要一个一个计算，因为时间不够用。观察一下，甲和乙都是每季度复利一次，甲的年利率高，所以排除甲；乙、丙、丁都是 6%，计息周期越长实际利率越小，所以选丁。做这道题需要的是技巧。故本题选 C。

19．A【解析】关于订货成本这一块，之前真题中没有考过计算题。但是正因为没考过，所以要引起注意。首先要知道订货成本=取得成本+储存成本+缺货成本。根据题目，订货成本=0.5 万元+0.2 万元×（30/5）=1.7（万元）。故本题选 A。

20．B【解析】本题考核的是财务报表的构成。在财务报表（列报）的主要构成中，利润表是反映企业在一定会计期间的经营成果的财务报表（动态报表）。故本题选 B。

21．C【解析】已知经济采购批量，来计算年度采购总量。经济采购批量

$=\sqrt{\dfrac{2\times\text{一次订货成本}\times\text{年度采购总量}}{\text{每千克材料的平均储备成本}}}=\sqrt{\dfrac{2\times400\times\text{年度采购总量}}{1}}=800$ 吨。从而得出年度采购总量为 800 吨。这类考题不管考试怎么考，都要会做。故本题选 C。

22．C【解析】这个题目属于常规考点。利润总额=营业利润+营业外收入−营业外支出=2 000+1 000−600=2 400（万元）。故本题选 C。

23．A【解析】资产负债表能够说明企业在某一特定日期所拥有的各种资源总量及其分布情况；能够显示企业在某一特定日期所负担债务的数额、需要偿还债务期限的长短以及企业偿还债务的能力；能够表明企业在某一特定日期所拥有净资产的数额，以及企业所有者权益的构成情况；能够反映企业在某一特定日期的资产总额和权益总额，从企业资产总量方面反映企业的财务状况，进而分析、评价企业未来的发展趋势。故本题选 A。

24．C【解析】比率分析法是财务分析的最基本、最重要的方法。故本题选 C。

25．C【解析】本题考核的是速动比率。速动比率是指企业的速动资产与流动负债之间的比率关系，反映企业对短期债务偿付能力的指标。速动比率=速动资产/流动负债，速动资产=货币资金+交易性金融资产+应收票据+应收账款+其他应收款。速动比率大于 1 就说明企业有偿债能力，低于 1 则说明企业偿债能力不强，该指标越低，企业的偿债能力越差。故本题选 C。

26．C【解析】本题考核的是短期筹资的方式。买方企业超过信用期推迟付款，强制获得的信用是展期信用。故本题选 C。

27．C【解析】本题考核的是短期筹资的方式。短期银行借款信用条件，包括信贷限额、周转信贷协议、补偿性余额、借款抵押、偿还条件等。其中，补偿性余额条款是指银行要求借款人在银行中，保持按贷款限额或实际借用额的一定比例（10%～20%）计算的最低存款余额。故本题选 C。

28．D【解析】本题考核的是国际工程投标报价分项工程的单价分析。待摊费用的分摊系数=待摊费用/直接费用=70/200×100%=35%；单位工程量分摊费用=20×35%=7（美元/m^3）；该分项工程的综合单价=20+7=27（美元/m^3）；相应的合价=27 美元/m^3×230 000 m^3=621（万美元）。故本题选 D。

29．C【解析】本题考核的是设备及工器具购置费用。在工业建设工程项目中，设备及工器具费用与资本的有机构成相联系，设备及工器具费用占投资费用的比例大小，意味着生产技术的进步和资本有机构成的程度。故本题选 C。

30．B【解析】实行清单计价时，实际工程量与估计工程量差别较大时，应调整合同单价，这是单价合同的一般原则，背景明确了此类原因可以调整单价并约定了单价调整的方法。背景中，实际工程量与估计工程量差别为 16.7%，超过 10%并且是增加工程量。根据常规情况，工程量增加，应调低单价，因此系数取 0.9。还应注意的是，所谓超过部分，应是指超过范围以外的部分。在本题中，仅仅是指超过 3 000×（1+10%）的部分调整价格，计算式为：3 000×（1+10%）×200+[3 500−3 000×（1+10%）]×200×0.9=69.6（万元）。故本题选 B。

31．B【解析】本题考核的是工程建设其他费的组成。建设管理费包括建设单位管理费、工程监理费和工程质量监督费。其中，建设单位管理费是指建设单位发生的管理性质的开支，

具体包括工作人员工资、工资性补贴、施工现场津贴……招募生产工人费、业务招待费、工程招标费等。至于工程监理费、环境影响评价费、工程保险费属于与建设单位管理费平行的建设管理费。故本题选 B。

32．C【解析】套用公式，土方工程款=1×（1＋10%）×20+（1.2−1.1）×18=23.8（万元）。故本题选 C。

33．D【解析】本题考核的是人工费。人工费是指支付施工现场从事建筑安装工程施工的生产工人的费用，但不应涉及管理人员和机上人员。故本题选 D。

34．D【解析】本题考核的是预付款起扣点的计算。起扣点的计算公式：起扣点=承包工程合同总额=工程预付款数额/主要材料及构件所占比重。本题的计算过程为：起扣点= 525−525×20%/50%=315（万元）。故本题选 D。

35．B【解析】检验试验费是指对建筑材料、构件和建筑安装物进行一般鉴定、检查所发生的费用，包括自设试验室进行试验所耗用的材料和化学药品等费用，不包括新结构、新材料的试验费和建设单位对具有出厂合格证明的材料进行检验以及对构件做破坏性试验及其他特殊要求检验试验的费用。故本题选 B。

36．A【解析】施工机械时间定额，是指在合理劳动组织与合理使用机械条件下，完成单位合格产品所必需的工作时间，包括有效工作时间（正常负荷下的工作时间和降低负荷下的工作时间）、不可避免的中断时间、不可避免的无负荷工作时间。机械时间定额以“台班”表示，即一台机械工作一个作业班时间。一个作业班时间为 8 小时。单位产品机械时间定额（台班）= 1/台班产量，由于机械必须由工人小组配合，所以完成单位合格产品的时间定额应包括人工时间定额。即单位产品人工时间定额（工日）=小组成员总人数/台班产量。本题中，挖 100 m^3 的人工时间定额为 2/4.96=0.4（工日）。故本题选 A。

37．C【解析】本题考核的是建设期利息的计算。根据建设期利息的计算公式，该项目贷款第 1 年的应计利息=（0+400×1/2）×6%=12（万元），第 2 年的应计利息=（400+12+600×1/2）×6%=42.72（万元）。因此，建设期利息=12+42.72=54.72（万元）。故本题选 C。

38．C【解析】本题考核的是施工机具使用费。施工机械在现场进行安装与拆卸所需的人工、材料、机械和试运转费用以及机械辅助设施的折旧、搭设、拆除等费用，属于安拆费及场外运费。但是，大型机械的安拆费及场外运费，属于措施项目费。故本题选 C。

39．D【解析】本题主要考核的是项目总投资，特别注意建设期利息采用复利计算方式。技术方案经济效果评价中的总投资是建设投资、建设期利息和流动资金之和，因此该技术方案的总投资=5 500+500+2 000×[（1+8%）^{5}−1]=6 939（万元）。故本题选 D。

40．B【解析】本题考核的是材料费。根据 44 号文（按构成要素的费用项目组成）的规定，材料、工程设备自来源地运至工地仓库或指定堆放地点所发生的全部费用，属于运杂费。故本题选 B。

41．B【解析】本题考核的是设备购置费的组成和计算。到岸价=离岸价+国外运费+国外运输保险费=1 000+90+10=1 100（万元）。故本题选 B。

42．A【解析】本题考核的是基本预备费的计算。基本预备费是指在项目实施中可能发生难以预料的支出，需要预先预留的费用，又称不可预见费。主要是指设计变更及施工过程中可能增加工程量的费用。计算公式为：基本预备费=（设备及工器具购置费+建筑安装工程费+工程建设其他费）×基本预备费率。基本预备费基数=600+1 200+100=1 900（万元）。故本题选 A。

43．D【解析】本题考核的是建筑安装工程造价的组成。建筑安装工程费按照工程造价形成由分部分项工程费、措施项目费、其他项目费、规费、税金组成。备选答案所列出的费用中，显然不属于分部分项工程费用，也不属于规费、税金。回答该题的关键是区分措施项目费和其他项目费。措施项目费是指为完成建设工程施工，发生于该工程施工前和施工过程中的技术、生活、安全、环境保护等方面的费用，内容包括夜间施工增加费、二次搬运费、冬雨期施工增加费等，而其他项目费主要包括暂列金额、计日工、总承包服务费等项目，从费用项目的概念不难看出，选项 A、B、C 均属于现场施工必须采取的措施，其费用属于措施项目费用；而总承包服务费不是直接属于项目实施的措施费用，列入其他项目费用。故本题选 D。

44．B【解析】本题考核的是企业管理费。企业管理费包括管理人员工资、办公费、劳动保护费、检验试验费、财产保险费、其他等 14 项内容。其中，检验试验费是指施工企业按照有关标准规定，对建筑以及材料、构件和建筑安装物进行一般鉴定、检查所发生的费用。故本题选 B。

45．C【解析】本题考核的是企业管理费。根据 44 号文（费用构成要素）的规定，企业为提供预付款担保、履约担保所发生的费用属于企业管理费中的财务费用。故本题选 C。

46．A【解析】该问题是一个记忆性的题目，考核的是有关人工工资单价的规定，是建筑安装工程发放人工工资、测算人工费用的重要基础，必须清楚。根据规定，最低日工资单价不得低于工程所在地人力资源和社会保障部门所发布的最低工资标准的：普工 1.3 倍；一般技工 2 倍；高级技工 3 倍。所以最合适的答案是 A。故本题选 A。

47．B【解析】施工定额是以工序为对象编制的。预算定额是以建筑物或构筑物各个分部分项工程为对象编制的定额。概算定额是以扩大的分部分项工程为对象编制的。概算指标是概算定额的扩大与合并，它是以整个建筑物和构筑物为对象，以更为扩大的计量单位来编制的。从各种定额的编制对象不难理解，预算定额是以施工定额为基础编制的，概算定额是在预算定额的基础上编制，概算指标比概算定额更综合。综合程度越高，子项目就越少，所以在列出的选项中，划分最细，也就决定了子目最多的是施工定额，也是建设工程定额中的基础性定额。故本题选 B。

48. D【解析】本题考核的是人工定额的编制。制订人工定额可以采用备选答案中所列的4种方法。其中，根据生产技术和施工组织条件，对施工过程中各工序采用一定的方法测出其工时消耗等资料，再对所获得的资料进行分析，制定出人工定额的方法是技术测定法。故本题选D。

49. C【解析】本题考核的是工人工作时间的消耗和定额时间的构成，正确回答本题需要熟悉工作时间消耗的分类和层次关系。首先，工作时间消耗分为必需消耗的时间和损失时间，两部分时间消耗又进一步划分。必需消耗的时间是定额编制的主要依据，应注意其中最主要的有效工作时间。有效工作时间是从生产效果来看与产品生产直接有关的时间消耗。从字面理解，有效工作时间是产品生产直接相关的时间消耗。从备选答案的4个概念理解，休息时间虽然保证劳动者正常完成工作是必需的，但显然不是与产品生产直接相关的，而恰好基本工作以及为基本工作顺利实施的准备与结束时间、辅助工作时间恰恰是与产品生产直接相关的时间消耗。综合分析可见，休息时间是编制定额必须考虑的时间消耗，但不属于有效工作时间。故本题选C。

50. A【解析】拟定施工的正常条件包括：拟定施工作业的内容；拟定施工作业的方法；拟定施工作业地点的组织；拟定施工作业人员的组织等。故本题选A。

51. A【解析】首先应注意项目概算是投资的一种表现形式，建设项目总概算的范畴应包括投资的内容。分析4个备选答案可以发现，差别主要是两个方面：一是开始和结束时间；二是费用的范围。项目建设总投资包括项目整个建设期的费用，从项目筹建开始到建成交付使用；而投资包括建筑安装工程投资、设备工器具购置投资和工程建设期费用以及流动资金（生产性项目），而工程费用只包括其中的建筑安装工程投资和设备工器具投资。既然建设项目总概算是总投资的表现形式，分析备选答案可见：选项D的时间长度和费用范围都不全面；选项C的时间范围不全，因为开工一般指项目施工开始，在此之前的费用可能不包括在其中；选项B只考虑了工程费用，不完整。因此，最合适的答案是A，其表述最完整。故本题选A。

52. A【解析】安装单位工程概算编制的方法有预算单价法、扩大单价法、概算指标法等方法，其精度依次降低。由于设备安装工程的特征之一是费用与被安装的设备密切相关，在题目背景中，明确的条件是设备已经有详细清单，这也是与建筑单位工程概算编制时可能具备的条件不同的地方，与初步设计要达到的深度和作用要求有关。尽管选项A、B、C都是可以选择的方法，但具备条件时宜选择精度较高的方法。至于选项D，在概算预算编制中均没有这种方法，不能选择。故本题选A。

53. B【解析】单位建筑工程概算编制方法包括概算定额法、概算指标法、类似工程预算法等，其中概算定额法是以概算定额和相应的扩大分部分项工程工程量为基础编制概算定额的。概算指标法相对而言要更综合一些，精度也相对低一些，类似工程预算法使用必须具备一定的条件，至少要求概算工程有类似于工程预算，本题中并没有背景资料提示有类似工程预算，所以不宜选择选项D。而预算定额法则是施工图预算使用的方法，在初步设计阶段，通常情况下难以把工程分解为更具体的分项工程，因此不能选择选项A。相对而言，概算定额法比概算指标法精度高，在初步设计达到一定深度并且建筑结构比较明确时，可以使用这种方法，因此最适合的答案为B。故本题选B。

54. D【解析】本题考核的是施工图预算的编制方法。采用预算单价法编制施工图预算时，如果分项工程的主要材料品种与预算单价或单位估价表的规定一致，不能直接套用预算单价，需要按实际使用材料的价格换算预算单价，即进行定额的换算（调价不调量）。故本题选D。

55. A【解析】筛选审查法是通过制定单位建筑面积的工程量、价格、用工的3个基本数值，进而实现"筛选"。其特点包括：简单易懂、便于掌握，审查速度快、便于发现问题；基本数值的确定并发现问题后，复查烦琐。筛选审查法主要适用于常规、便于制订基本数值的住宅工程及不具备全面审查条件的工程。同时，应当注意其他审查方法的适用条件及特点。故本题选A。

56. A【解析】本题考核的是工程量清单编制。在备选答案中，选项B的错误在于能够计量的措施项目，应该计算其综合单价；选项C清单应该执行"净量"；选项D的指向是暂列金额。故本题选A。

57. D【解析】措施项目清单中的安全文明施工费应按照国家或省级、行业建设主管部门的规定计价，不得作为竞争性费用。规费和税金应按国家或省级、行业建设主管部门的规定计算，不得作为竞争性费用。每一项规费和税金的规定文件中，对其计算方法都有明确的说明，故可以按各项法规和规定的计算方式计取。具体计算时，一般按国家及有关部门规定的计算公式和费率标准进行计算。利润率可由投标人根据本企业当前盈利情况、施工水平、拟投标工程的竞争情况以及企业当前经营策略自主确定。因此利用排除法，答案为D。故本题选D。

58. B【解析】根据《建设工程价款结算暂行办法》（财建〔2004〕369号），工程预付款的额度最高不得超过合同金额（扣除暂列金额）的30%，但也不应低于10%。而且，在具备施工条件的前提下，工程预付款的支付时间，应在签订合同后的1个月内或者约定的开工日期前的7天。故本题选B。

59. A【解析】本题考核的是现场签证。现场签证费用的计价方式有两种：一种是完成合同以外的零星工作，按计日工作单价计算；另一种是完成其他非承包人责任引起的事件，应按合同中的约定计算。故本题选A。

60. C【解析】招标投标过程中，人工费是按照人工消耗量和人工工资单价计算的。由于在国际工程投标和实施中，通常要求企业雇佣当地的工人，同时作为投标人考虑企业管理、人工成本等因素，企业也需要既有国内派出的工人，也要有当地雇佣的工人。因此，在投标时按照工资单价计算时，最合理的计算是按照国内派出工人和所在国招募工人的日工资单价均价计算。工日基价是指国内派出的工人和在工程所在国招募的工人，每个工作日的平均工资。一般来说，在分别计算这两类工人的工资单价后，再考虑功效和其他一些有关因素以及人数，加权平均即可算出工日工资基价。故本题选 C。

二、多项选择题

61. ABCD【解析】本题考核的是适当运用不平衡报价法。备选答案 E，属于报价可以适当低一些的情况（竞争激烈）。故本题选 ABCD。

62. ABCD【解析】支付申请的内容包括：累计已经完成的、累计已经实际支付的、本周期实际完成的和本周期需要扣减的。简记为“两个累计”和“两个本周期”。故本题选 ABCD。

63. ABCE【解析】本题考核的是工程预付款。选项 D 有些工期较短、造价较低的是不可以不扣的。故本题选 ABCE。

64. ABCD【解析】本题考核的是进度款。选项 E 错误，发包人是有权利予以改正的。故本题选 ABCD。

65. ACDE【解析】暂列金额与暂估价两费用中，凡是提及可以“变动”一词的都是错误的答案。故本题选 ACDE。

66. AB【解析】根据《建设工程工程量清单计价规范》（GB 50500—2013），措施项目分为能计量和不能计量的两类。对能计量的措施项目（即单价措施项目），同分部分项工程量一样，编制措施项目清单时应列出项目编码、项目名称、项目特征、计量单位，并按现行计量规范规定，采用对应的工程量计算规则计算其工程量。对不能计量的措施项目（即总价措施项目），措施项目清单中仅列出了项目编码、项目名称，但未列出项目特征、计量单位的项目，编制措施项目清单时，应按现行计量规范附录（措施项目）的规定执行。本题考核的是不能计量的措施项目。故本题选 AB。

67. ACDE【解析】造价管理部门不管投标报价，所以 B 项错误。故本题选 ACDE。

68. ABCE【解析】在使用概算指标法时，若拟建工程在建设地点、结构特征、地质及自然条件、建筑面积等方面与概算指标相同或相近，就可直接套用概算指标编制概算。故本题选 ABCE。

69. ABE【解析】概算定额的水平确定应与基础定额、预算定额的水平基本一致，必须反映在正常条件下，大多数企业的设计、生产、施工管理水平。概算定额是在预算定额的基础上，适当地再一次扩大、综合和简化，因而概算定额和预算定额之间必将产生并允许留有一点点幅度差，以便根据概算定额编制的概算能控制住施工图预算。故本题选 ABE。

70. ABCE【解析】项目措施费是指为完成建设工程施工，发生于该工程施工前和施工过程中的技术、生活、安全、环境保护等方面的费用。其内容包括：（1）安全文明施工费：①环境保护费：是指施工现场为达到环保部门要求所需要的各项费用；②文明施工费：是指施工现场文明施工所需要的各项费用；③安全施工费：是指施工现场安全施工所需要的各项费用；④临时设施费：是指施工企业为进行建设工程施工所必须搭设的生活和生产用的临时建筑物、构筑物和其他临时设施费用，包括临时设施的搭设、维修、拆除、清理费或摊销费等。（2）夜间施工增加费：是指因夜间施工所发生的夜班补助费、夜间施工降效、夜间施工照明设备摊销及照明用电等费用。（3）二次搬运费：是指因施工场地条件限制而发生的材料、构配件、半成品等一次运输不能到达堆放地点，必须进行二次或多次搬运所发生的费用。（4）冬雨季施工增加费：是指在冬季或雨季施工需增加的临时设施、防滑、排除雨雪，人工及施工机械效率降低等费用。（5）已完工程及设备保护费：是指竣工验收前，对已完工程及设备采取的必要保护措施所发生的费用。（6）工程定位复测费：是指工程施工过程中进行全部施工测量放线和复测工作的费用。（7）特殊地区施工增加费：是指工程在沙漠或其边缘地区、高海拔、高寒、原始森林等特殊地区施工增加的费用。（8）大型机械设备进出场及安拆费：是指机械整体或分体自停放场地运至施工现场或由一个施工地点运至另一个施工地点，所发生的机械进出场运输及转移费用及机械在施工现场进行安装、拆卸所需的人工费、材料费、机械费、试运转费和安装所需的辅助设施的费用。（9）脚手架工程费：是指施工需要的各种脚手架搭、拆、运输费用以及脚手架购置费的摊销（或租赁）费用。故本题选 ABCE。

71. ABD【解析】本题考核的是长期负债筹资。公司发行的长期债券期限通常超过 1 年，其发行价格，可能采用平价、溢价或折价。故本题选 ABD。

72. ABCD【解析】存货周转率是衡量和评价企业购入存货、投入生产、销售收回等各环节管理状况的综合性指标。一般情况下，存货周转率越高、周转天数越短，说明该指标越好，它表明企业存货周转速度快，经营效率高，库存存货适度；周转率低或者下降，周转天数长，则可能意味着企业存货中残次品的增加，这样就会增大企业在存货方面的投资，同时也增大了企业的经营风险。提高存货周转率可提高企业的变现能力，而存货周转速度越慢则企业的变现能力越差。故本题选 ABCD。

73. CDE【解析】本题考核的是现金流量表中各种现金流量的区分。现金流量表中的现金流量分为经营活动产生的现金流量、投资活动产生的现金流量、筹资活动产生的现金流量以及其他。本题中的选项 A、B 为投资活动产生的现金流量，选项 C、E 为筹资活动产生的现金流入，选项 D 为筹资活动产生的现金流出。故本题选 CDE。

74. AC【解析】本题考核的是盈余公积的用途。盈余公积是指按照规定从企业的税后利润中提取的公积金，主要用来弥补企业以前的亏损和转增资本。故本题选 AC。

75. ACD【解析】为建造一项或数项资产而签订一组合同，这一组合同无论对应单个客户还是几个客户，在同时具备下列 3 个条件的情况下，应合并为单项合同处理：（1）该组合同按一揽子交易签订；（2）该组合同密切相关，每项合同实际上已构成一项综合利润率工程的组成部分；（3）该组合同同时或依次履行。故本题选 ACD。

76. BC【解析】收益性支出（企业生产经营所发生的外购材料、支付工资及其他支出以及发生的管理费用、营业费用、财务费用）应在一个会计期间内确认为费用。营业外支出（固定资产盘亏、处置固定资产净损失、债务重组损失、计提资产减值准备、罚款、捐赠支出、非常损失）是指企业发生的与其生产经营无直接关系的各项支出。选项 B、C 两项属于营业外支出。故本题选 BC。

77. ABC【解析】经营成本=外购原材料、燃料及动力费+工资及福利费+修理费+其他费用。故本题选 ABC。

78. CE【解析】本题考核的是设备磨损的补偿方式。鉴于设备磨损形式与补偿方式的对应关系，现代化改装适合于设备（第二种形式）无形磨损的局部补偿，更新适合于设备有形、无形磨损的完全（所有）补偿。故本题选 CE。

79. ABC【解析】根据成本费用与产量（或工程量）的关系可以将技术方案总成本费用分解为可变成本、固定成本和半可变（或半固定）成本。固定成本是指不随产量变动而变动的成本项目，备选答案中，固定资产折旧费、无形资产摊销费、计时工资无论是否生产均要发生，而计件工资和原材料采购费用与是否生产及生产量多少直接相关。故本题选 ABC。

80. AB【解析】本题考核的是经济效果评价指标的分类。经济效果评价一般包括方案盈利能力、偿债能力、财务生存能力等评价内容。其中技术方案的盈利能力是指分析和测算拟定技术方案计算期的盈利能力和盈利水平。其主要分析指标包括财务内部收益率和财务净现值、资本金财务内部收益率、静态投资回收期、总投资收益率和资本金净利润率等，可根据拟定技术方案的特点及经济效果分析的目的和要求等选用。其中动态分析指标有：内部收益率、财务净现值、动态投资回收期等，投资收益率为静态指标。故本题选 AB。

2017版全国一级建造师执业资格考试
《建设工程经济》
模拟试卷（五）参考答案及解析

一、单项选择题

1．B【解析】“在正式协议下约定企业的信用额度为200万元”涉及的信用条件信贷限额；“年内企业未使用部分的余额，企业需向银行支付承诺费，承诺费率为1%”涉及的信用条件为周转信贷协定；“企业在银行中保持按贷款限额15%计算的最低存款金额”涉及的信用条件为补偿性余额；“贷款期内企业需按月等额偿还贷款”涉及的信用条件为偿还方式。故本题选B。

2．C【解析】补贴收入同营业收入一样，应列入技术方案投资现金流量表、资本金现金流量表和财务计划现金流量表。故本题选C。

3．D【解析】本题考核的是利息的计算方法。看似计算，实则不用。这4个选项相比，选项D在3年内从未支付过本金和利息，本金和利息都会产生利息，所以需要支付的本利和最多。故本题选D。

4．D【解析】分析指标的确定与进行分析的目标和任务有关，一般是根据技术方案的特点、实际需求情况和指标的重要程度来选择。如果主要分析技术方案状态和参数变化对技术方案技资回收快慢的影响，则可选用静态投资回收期作为分析指标；如果主要分析产品价格波动对技术方案超额净收益的影响，则可选用财务净现值作为分析指标；如果主要分析投资大小对技术方案资金回收能力的影响，则可选用财务内部收益率指标等。故本题选D。

5．B【解析】本题涉及的考点是经济效果评价的基本内容。为维持技术方案正常运营，应分析短期借款的可靠性。故本题选B。

6．C【解析】要掌握财务内部收益率（FIRR）的概念、财务净现值与折现率之间的递减变化关系。对常规技术方案，财务内部收益率其实质就是使技术方案在计算期内各年净现金流量的现值累计等于零时的折现率。本题属于概念判断题，考核的不是对财务内部收益率的计算方法。FNPV（16%）=160（万元），FNPV（18%）=−80（万元），则FNPV=0时的折现率应在16%～18%；而−80万元等接近0，故FNPV=0时的折现率更靠近18%，故该方案的财务内部收益率最可能的是17.33%。故本题选C。

7．D【解析】需要掌握当技术方案实施后各年净收益不相同时，静态投资回收期的计算方法，具体见下表。

计算期/年	0	1	2	3	4	5	6	7
净现金流量/万元	—	−1 500	400	400	400	400	400	300
累计净现金流量	—	−1 500	−1 100	−700	−300	100	500	800

静态投资回收期=（累计净现金流量第一次出现正数的年份数−1）+累计净现金流量第一次出现正数之前一年的累计净现金流量的绝对值/累计净现金流量第一次出现正数之年的净现金流量=（5−1）+$\dfrac{|-300|}{400}$=4.75（年）。

技术方案的财务净现值是指用一个预定的基准收益率（或设定的折现率）i_c分别把整个计算期间内各年所发生的净现金流量都折现到技术方案开始实施时的现值之和。本题中，前6年的财务净现值已经给出，把第7年的折现与前6年的财务净现值相加就可以。

$$FNPV=\sum_{t=0}^{6}(\mathrm{CI}-\mathrm{CO})_6\times(1+i_c)^{-6}+(\mathrm{CI}-\mathrm{CO})_7\times(1+i_c)^{-7}=14.83+300/(1+10\%)^7=168.78\text{（万元）}。$$

故本题选D。

8．A【解析】掌握总投资收益率的计算方法。总投资收益率=年息税前利润/总投资×100%。本题中给出的该方案正常生产年份的净收益1 200万元，即为年息税前利润；技术方案的总投资包括建设投资、建设期贷款利息和全部流动资金，方案建设投资8 000万元中已包括了建设期贷款利息，而投产后的正常生产年份贷款产生的利息100万元不能计入总投资。因此，总投资收益率的计算为：总投资收益率=1 200/（8 000+1 000）×100%=13.33%。故本题选A。

9．B【解析】利息备付率也称已获利息倍数，是指在技术方案借款偿还期内各年企业可用于支付利息的息税前利润（EB1T）与当期应付利息（P1）的比值。故本题选B。

10．C【解析】该技术方案的盈亏平衡点BEP（Q）$\dfrac{C_F}{P-C_u-T_u}=\dfrac{4\,000\,000}{1\,000-450-150}=10\,000$（个）。

在盈亏平衡点的基础上，增加产销量，销售收入超过总成本，收入线与成本线之间的距离为利润值，形成盈利区，故盈利区为产销量大于10 000个。故本题选C。

11．C【解析】流动资金的估算基础是经营成本和商业信用等，它是流动资产与流动负债的差额。故本题选C。

12．D【解析】本题考核的是沉没成本。沉没成本是企业过去投资决策发生的、非现在决策能改变（或不受现在决策影响）、已经计入过去投资费用回收计划的费用。沉没成本是已经发生的费用200元。故本题选D。

13．D【解析】本题考核的是租金的计算。附加率法计算租金的计算公式为：

$R=\frac{P}{N}+P\times r+P\times r=\frac{50}{5}+50\times 8\%+50\times 4\%=16$（万元）。故本题选 D。

14. C【解析】购买新设备经济寿命期为 7 年，租赁设备的租赁期为 4 年，2 个方案的寿命期不同，所以用净年值做评价尺度。故本题选 C。

15. C【解析】本题考核的是安全文明施工费。发包人应在工程开工后的 28 天内预付不低于当年施工进度计划的安全文明施工费总额的 60%。故本题选 C。

16. B【解析】节约型——在保持产品功能不变的前提下，通过降低成本达到提高价值的目的。故本题选 B。

17. C【解析】折算费用 $Z_j=C_j=C_{Fj}+C_{uj}\times Q=100+250\times 10\,000=350$（万元），

$$\text{临界产量}Q_0=\frac{C_{F2}-C_{F1}}{C_{u1}-C_{u2}}=\frac{(100-80)\times 10\,000}{350-250}=2\,000\text{（生产单位）。}$$

所以当 $Q>2\,000$ 生产单位时，方案 2 比较好。故本题选 C。

18. D【解析】施工机械使用费由 7 项费用组成，包括折旧费、大修理费、经常修理费、安拆费及场外运费、人工费、燃料动力费、税费。选项 A 属于施工机械台班单价中的税费；选项 B 属于安拆费及场外运费；选项 C 属于经常修理费；选项 D 属于企业管理费。故本题选 D。

19. B【解析】本题考核的是会计要素的计量属性。在会计要素的计量属性中，通常采用的是历史成本、实际成本。但是，题干所指，属于公允价值。故本题选 B。

20. C【解析】对固定资产进行加速折旧应该采用的方法有年数总和法、双倍余额递减法等折旧方法。故本题选 C。

21. C【解析】当期的合同收入=合同总收入×（本期末止累计完成工程进度−上年年末累计完成工程进度）=800×（70%−20%）=400（万元）。故本题选 C。

22. C【解析】利润的分配顺序如下：弥补以前年度亏损→提取法定公积金→经股东会或者股东大会提取任意公积金→向投资者分配的利润或股利→未分配利润。故本题选 C。

23. B【解析】企业发展能力的指标主要有：（1）营业增长率；（2）资本积累率。营业增长率表示与上期相比，营业收入的增减变化情况，是评价企业成长状况和发展能力的重要指标。该指标是衡量企业经营状况和市场占有能力、预测企业经营业务拓展趋势的重要标志，也是企业扩张资本的重要前提。故本题选 B。

24. B【解析】外贸手续费=进口设备到岸价阶×人民币外汇牌价×外贸手续费率；银行财务费=离岸价×人民币外汇牌价×银行财务费率；海关监管手续费=到岸价×人民币外汇牌价×海关监管手续费率；进口关税=到岸价×人民币外汇牌价×进口关税率。故本题选 B。

25. B【解析】该笔借款的资金成本率=［500×8%×（1−25%）］/［500×（1−0.5%）］=6.03%。故本题选 B。

26. B【解析】本题的考核点是用成本分析模式确定最佳现金持有量方法的计算和分析，具体见下表。

各方案现金持有总成本计算 单位：元

项目 \ 方案	甲	乙	丙	丁
机会成本	6 000	7 000	84 000	120 000
管理成本	24 000	24 000	24 000	24 000
短缺成本	8 100	3 000	2 500	0
总成本	38 100	34 000	110 500	144 000

从上表的计算可以看到，乙方案的总成本最低，是最佳现金持有量方案。故本题选 B。

27. B【解析】本题考核的是信用政策。应收账款赊销的效果好坏，依赖于企业的信用政策。信用政策包括：信用期间、信用标准和现金折扣政策。故本题选 B。

28. B【解析】杜邦财务分析体系，简称杜邦分析，是利用各主要财务比率指标之间的内在联系对企业财务状况和经营成果进行综合系统评价的方法。该体系是以净资产收益率为核心指标，以总资产净利率和权益乘数为 2 个方面，重点揭示企业获利能力及权益乘数对净资产收益率的影响，以及各相关指标之间的相互作用关系。故本题选 B。

29. B【解析】本题考核的是建设投资的计算，建设投资由设备及工器具购置费、建筑安装工程费、工程建设其他费、预备费（包括基本预备费和涨价预备费）和建设期利息组成。基本预备费=（7 000+400）×10%=740（万元）。涨价预备费=第一年的涨价预备费+第二年的涨价预备费=4 000×［（1+5%）−1］+3 000×［（1+5%）^{2}−1］=200+307.5=507.5（万元）。建设投资=7 000+400+ 740+507.5+735=9 382.5（万元）。故本题选 B。

30. D【解析】试运转支出包括试运转所需原材料、燃料及动力消耗、低值易耗品、其他物料消耗、工具用具使用费、机械使用费、保险金、施工单位参加试运转人员工资以及专家指导费等；试运转收入包括试运转期间的产品销售收入和其他收入。联合试运转费不包括应由设备安装工程费用开支的调试及试车费用，以及在试运转中暴露出来的因施工原因或设备缺陷等发生的处理费用。故本题选 D。

31. B【解析】工程建设其他费用，按其内容大体可分为三类。第一类为土地使用费；第二类是与项目建设有关的费用，包括建设管理费、勘察设计费、研究试验费等；第三类是与未来企业生产和经营活动有关的费用。其中研究试验费是指为本建设工程项目提供或验证设计数据、资料等进行必要的研究试验及按照设计规定在建设过程中必须进行试验、验证所需的费用。故本题选 B。

32. B【解析】暂列金额是指建设单位在工程量清单中暂定并包括在工程合同价款中的一笔款。用于施工合同签订时尚未确定或者不可预见的所需材料、工程设备、服务的采购，施工中可能发生的工程变更、合同约定调整因素出现时的工程价款调整以及发生的索赔、现场签证确认等的费用。故本题选 B。

33. D【解析】企业管理费费率=［生产工人年平均管理费/（年有效施工天数×人工单价）］×人工费占分部分项工程费比例= 40 000/（300×50）×30%= 80%。故本题选 D。

34. B【解析】本题考核的是招标控制价的计算。计算见下表。故本题选 B。

序号	内　　容	计算方法	金额/万元
1	分部分项工程费		100
2	措施项目费	分部分项工程费×2.5%	2.5
2.1	其中：安全文明施工费	分部分项工程费×1.5%	1.5
3	其他项目费		8
4	规费	分部分项工程费×15%×8%	1.2
5	税金（扣除不列入计税范围的工程设备金额）	（1+2+3+4）×3.41%	3.81
招标控制价合计=（100+2.5+8+1.2+3.81）=115.51（万元）			

35. D【解析】时间定额，就是某种专业，某种技术等级工人班组或个人，在合理的劳动组织和合理使用材料的条件下，完成单位合格产品所必需的工作时间，包括准备与结束时间、基本工作时间、辅助工作时间、不可避免的中断时间及工人必需的休息时间。时间定额以工日为单位，每一工日按 8 小时计算。本题中几项时间合在一起为 12 小时，按每小时计算，其定额时间为 12/8=1.5。故本题选 D。

36. C【解析】本题考核的是定额单价法编制施工预算步骤的相关内容。套用定额单价计算人、料、机费用时，如果分项工程施工工艺条件与定额单价或单位估价表不一致而造成人工、机械的数量增减时，一般调量不换价。故本题选 C。

37. D【解析】本题考核的是不可抗力造成的损失的分担原则。因不可抗力事件导致的人员伤亡、财产损失及其费用增加，发承包双方应按以下原则分别承担并调整合同价款和工期：（1）合同工程本身的损害、因工程损害导致第三方人员伤亡和财产损失以及运至施工场地用于施工的材料和待安装的设备的损害，由发包人承担；（2）发包人、承包人人员伤亡由其所在单位负责，并应承担相应费用；（3）承包人的施工机械设备损坏及停工损失，应由承包人承担；（4）停工期间，承包人应发包人要求留在施工场地的必要的管理人员及保卫人员的费用，应由发包人承担；（5）工程所需清理、修复费用，应由发包人承担。不可抗力解除后复工的，若不能按期竣工，应合理延长工期。发包人要求赶工的，赶工费用应由发包人承担。本题中承包方受伤人员医药费、补偿费 5 万元的经济损失不应补偿给承包方。理由：不可抗力造成承发包双方的人员伤亡，分别各自承担；施工机具损坏损失 12 万元的经济损失不应补偿给承包方。理由：不可抗力造成施工机械设备损坏，由承包人承担；施工机具闲置、施工人员窝工损失 6 万元的经济损失不应补偿给承包方。理由：不可抗力造成承包人机械设备的停工损失，由承包人承担；工程清理、修复费用 3.5 万元的经济损失应补偿给承包方。理由：不可抗力造成工程所需清理、修复费用，由发包人承担。故本题选 D。

38. B【解析】在必需消耗的工作时间里，包括有效工作、不可避免的无负荷工作和不可避免的中断三项时间消耗。而在有效工作的时间消耗中又包括正常负荷下、有根据地降低负荷下的工时消耗。不可避免的无负荷工作时间，是指由施工过程的特点和机械结构的特点造成的机械无负荷工作时间。例如筑路机在工作区末端调头等，都属于此项工作时间的消耗。不可避免的中断工作时间，是与工艺过程的特点、机械的使用和保养、工人休息有关的中断时间。与工艺过程的特点有关的不可避免中断工作时间，有循环的和定期的两种。循环的不可避免中断，是在机械工作的每一个循环中重复一次，如汽车装货和卸货时的停车。定期的不可避免中断，是经过一定时期重复一次，比如把灰浆泵由一个工作地点转移到另一工作地点时的工作中断。与机械有关的不可避免中断工作时间，是由于工人进行准备与结束工作或辅助工作时，机械停止工作而引起的中断工作时间。它是与机械的使用与保养有关的不可避免中断时间。故本题选 B。

39. D【解析】本题考核的是人工定额的编制。制订人工定额可以采用备选答案中所列的 4 种方法。其中，根据生产技术和施工组织条件，对施工过程中各工序采用一定的方法测出其工时消耗等资料，再对所获得的资料进行分析，制定出人工定额的方法是技术测定法。故本题选 D。

40. B【解析】已知条件只有总建筑面积，无较为详细的工程数量，无法应用概算定额法计算概算造价，同样也没说明拟建工程是否与参照的办公楼设计相类似，因此只能采用概算指标法计算，将特征不同部分进行指标调整。故本题选 B。

41. A【解析】单位工程概算造价=人、料、机费用+企业管理费+利润+规费+税金= 800 ×（1+8%+15%+7%+3.4%）=1 067.20（万元）。故本题选 A。

42. C【解析】对比分析法主要是指通过建设规模、标准与立项批文对比，工程数量与设计图纸对比，综合范围、内容与编制方法、规定对比，各项取费与规定标准对比，材料、人工单价与统一信息对比，技术经济指标与同类工程对比等。故本题选 C。

43. D【解析】筛选审查法是能较快发现问题的一种方法。“筛选法”的优点是简单易懂，便于掌握，审查速度快，便于发现问题。该方法适用于审查住宅工程或不具备全面审查条件的工程。故本题选 D。

44. B【解析】本题考核的是材料消耗定额的编制。根据材料损耗率的计算公式，该材料的损耗率=损耗量/净用量×100%= 20/（100−20）×100%=25%。故本题选 B。

45. B【解析】招标工程量清单应由具有编制能力的招标人或受其委托、具有相应资质的工程造价咨询人进行编制。故本题选 B。

46. D【解析】分项工程直接费常用的估价方法有定额估计法、作业估计法和匡算估计法等。其中，匡算估计法使用于工程量不大，所占费用比例较小的那部分分项工程。故本题选 D。

47. D【解析】综合单价包括应由招标人要求投标人承担的一定风险费用。暂估价中的材料、工程设备单价、控制价应按招标工程量清单列出的单价计入相应清单项目的综合单价中。暂估价专业工程金额应按招标工程量清单中列出的金额填写，计入其他项目清单。措施项目费与规费、税金是并列的。故本题选 D。

48. B【解析】在编制投标报价之前，需要先对清单工程量进行复核。因为工程量清单中的各分部分项工程量并不十分准确，若设计深度不够则可能有较大的误差，而工程量的多少是选择施工方法、安排人力和机械、准备材料必须考虑的因素，自然也影响分项工程的单价，因此一定要对工程量进行复核。故本题选 B。

49. C【解析】建设规模较小，技术难度低，工期较短的建设工程可以采用总价合同。故本题选 C。

50. C【解析】综合单价=（人、料、机总费用+管理费+利润）/清单工程量=（76 000+18 000+8 000）/2 600=39.23 元/m^3。故本题选 C。

51. D【解析】编制招标控制价时，总承包服务费应按照省级或行业建设主管部门的规定，并根据招标文件列出的内容和要求估算，在计算时可参考以下标准：（1）招标人仅要求总包人对其发包的专业工程进行施工现场协调和统一管理、对竣工材料进行统一汇总整理等服务时，总承包服务费按发包的专业工程估算造价的 1.5%左右计算；（2）招标人要求总包人对其发包的专业工程既进行总承包管理和协调，又要求提供相应配合服务时，总承包服务费应根据招标文件列出的配合服务内容，按发包的专业工程估算造价的 3%～5%计算；（3）招标人自行供应材料、设备的，按招标人供应材料、设备价值的 1%计算。故本题选 D。

52. D【解析】工程合同价款的约定是建设工程合同的主要内容。实行招标的工程合同价款应在中标通知书发出之日起 30 天内，由承发包双方依据招标文件和中标人的投标文件在书面合同约定。故本题选 D。

53. D【解析】发包人应在收到承包人已完成工程量报告后 7 天核实，所以选项 A 错误。采用工程量清单方式招标形成的总价合同，其工程量的计算应按照单价合同的计量规定计算。采用经审定批准的施工图纸及其预算方式发包形成的总价合同，除按照工程变更规定的工程量增减外，总价合同各项目的工程量应为承包人用于结算的最终工程量。此外，总价合同约定的项目计量应以合同工程经审定批准的施工图纸为依据，发承包双方应在合同中约定工程计量的形象进度或事件节点进行计量。所以选项 B、C 错误。故本题选 D。

54. D【解析】投标报价的综合单价 265 元，招标控制的综合单价 320 元，320×（1−5%）×0.85=258.4 元，265 元＞258.4 元，所以可不调整。故本题选 D。

55. D【解析】本题考核的是采用造价信息进行价格调整。材料、工程设备价格变化的价款调整按照发包人提供的主要材料和工程设备一览表，由发承包双方约定的风险范围按以下规定调整合同价款：（1）承包人投标报价中材料单价低于基准单价：施工期间材料单价涨幅以基准单价为基础超过合同约定的风险幅度值，或材料单价跌幅以投标报价为基础超过合同约定的风险幅度值时，其超过部分按实际调整。（2）承包人投标报价中材料单价高于基准单价：施工期间材料单价跌幅以基准单价为基础超过合同约定的风险幅度值，或材料单价涨幅以投标报价为基础超过合同约定的风险幅度值时，其超过部分按实际调整。（3）承包人投标报价中材料单价等于基准单价：施工期间材料单价涨、跌幅以基准单价为基础超过合同约定的风险幅度值时，其超过部分按实际调整。故本题选 D。

56. B【解析】实行清单计价时，实际工程量与估计工程量差别较大，应调整合同单价。背景明确了此类原因可以调整单价并约定了单价调整的方法。背景中，实际工程量与估计工程量差别为 16.7%，超过 10%，并且是增加工程量。根据常规情况，工程量增加，应调低单价，因此系数取 0.9。还应注意的是，所谓超过部分，应是指超过范围以外的部分。在本题中，仅仅是指超过 3 000×（1+10%）的部分调整价格，计算式为：3 000×（1+10%）×200+[3 500−3 000×（1+10%）]×200×0．9=69.60（万元）。故本题选 B。

57. A【解析】该项目的综合单价=（18+0.6+3.8+1.2）×（1−6%）=22.18（元）。故本题选 A。

58. B【解析】设备购置费概算=Σ（设备清单中的设备数量×设备原价）×（1+运杂费率）=50×50 000×（1+8%）=270（万元）。故本题选 B。

59. D【解析】本题考核的是质量保证金。选项 D 错在不应免除责任和义务。故本题选 D。

60. B【解析】资产负债表根据资产、负债、所有者权益之间的关系，按照一定的分类标准和顺序，把企业一定日期的资产、负债和所有者权益各项目进行适当排列。因此，资产负债表的主要内容包括企业资产、负债以及所有者权益的总体规模和结构。资产负债表能够反映企业资产、负债和所有者权益的全貌，可以帮助报表使用者了解企业的财务状况，其作用主要体现在 3 个方面：（1）资产负债表能够反映企业在某一特定日期所拥有的各种资源总量及其分布情况；（2）资产负债表能够反映企业的偿债能力；（3）资产负债表能够反映企业在某一特定日期企业所有者权益的构成情况。能够反映企业一定会计期间的经营成果的财务报表为利润表。故本题选 B。

二、多项选择题

61. AC【解析】工程成本包括从建造合同签订开始至合同完成止所发生的、与执行合同有关的直接费用和间接费用。因此工程实际成本应为 360 万元，其中，包括间接费用 10 万元。故本题选 AC。

62. ACE【解析】具体内容如下图所示。故本题选 ACE。

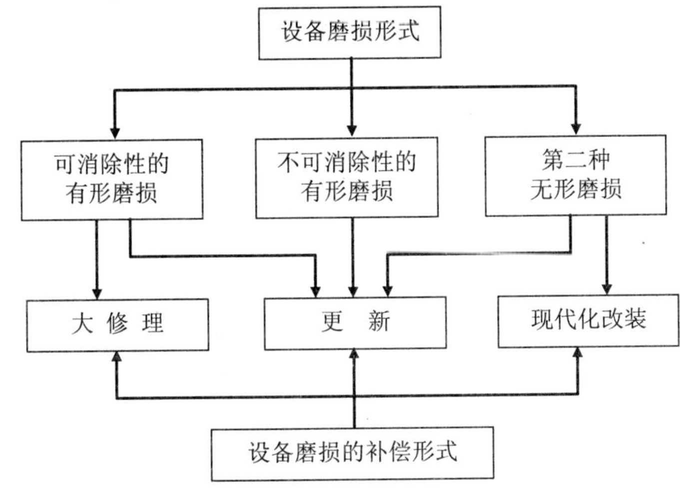

63. ABC【解析】措施费项目的计算的方法分为综合单价法（混凝土模板、脚手架、垂直运输），参数计价法（夜间施工、冬雨季施工、二次搬运费、安全文明施工费、已完工程及设备保护费），分包法计价（适合可分包的独立项目，如室内空气污染测试）。故本题选 ABC。

64. ABDE【解析】为了保证方案顺利实施，应做到 4 个落实，分别是：组织落实，即要把具体的事实方案落实到职能部门和有关人员；经费落实，即要把实施方案所需经费的来源和使用安排落实好；物质落实，即要把实施方案所需的物资、装备等落实好；时间落实，即要把实施方案的起止时间及各阶段的事件妥善安排好。故本题选 ABDE。

65. ACE【解析】本题考核的是现金流量表的结构。现金流量表由正表和补充资料两部分组成。正表有 5 项，一是经营活动产生的现金流量；二是投资活动产生的现金流量；三是筹资活动产生的现金流量；四是汇率变动对现金的影响；五是现金及等价物净增加额。补充资料有 3 项：一是将净利润调节为经营活动产生的现金流量，也就是说，要在补充资料中采用间接法报告经营活动产生的现金流量信息；二是不涉及现金收支的重大投资和筹资活动；三是现金及现金等价物增加情况。故本题选 ACE。

66. AC【解析】A 首先计算到第 0 年，然后再用现值终值公式计算到第 8 年；C 先计算到第 7 年，然后再用现值终值公式计算到第 8 年。故本题选 AC。

67. BCDE【解析】短期负债筹资最常用的方式是商业信用和短期借款。商业信用是指在商品交易中由于延期付款或预收货款所形成的企业间的借贷关系。在短期负债筹资中占有相当大的比重。商业信用的具体形式有应付账款、应付票据、预收账款等。根据承兑人的不同，应付票据分为商业承兑汇票和银行承兑汇票两种。故本题选 BCDE。

68. DE【解析】工程定额有多种分类方法，通常所谓生产要素是指人工、材料和机械等，因此，人工定额、材料消耗定额、施工机具使用定额属于生产要素划分的定额，而建筑工程定额、安装工程定额是根据投资费用划分的。故本题选 DE。

69. ABC【解析】建设管理费：建设单位管理费、监理费、质量监督费。建设单位管理费包括：工作人员工资、工资性补贴、施工现场津贴、职工福利费、住房基金、基本养老保险费、基本医疗保险费、失业保险费、工伤保险费、办公费、差旅交通费、劳动保护费、工具用具使用费、固定资产使用费、必要的办公及生活用品购置费、必要的通信设备及交通工具购置费、零星固定资产购置费、招募生产工人费、技术图书资料费、业务招待费、设计审查费、工程招标费、合同契约公证费、法律顾问费、咨询费、完工清理费、竣工验收费、印花税和其他管理性质开支。故本题选 ABC。

70. ABCD【解析】规范条文包括总则、术语、一般规定、工程量清单编制、招标控制价、投标报价、合同价款约定、工程计量、合同价款调整、合同价款期中支付、竣工结算与支付、合同解除的价款的结算与支付、合同价款争议的解决、工程造价鉴定、工程计价资料与档案、工程计价表格，具体内容涵盖了从工程招投标开始到工程竣工结算办理完毕的全过程。故本题选 ABCD。

71. BD【解析】社会保险费、住房公积金应以定额人工费为计算基数。选项 A，税金的计算基数为：分部分项工程费+措施项目费+其他项目费+规费−按规定不计税的工程设备金额；选项 C，工程排污费按工程所在地环境保护部门的收取标准，按实计入；选项 E，计日工由发包人和承包人按施工过程中的签证计价。故本题选 BD。

72. ABCD【解析】建设工程项目总概算是确定整个建设工程项目从筹建开始到竣工验收、交付使用所需的全部费用的文件，它是由各单项工程综合概算、工程建设其他费用概算、预备费、建设期利息概算、经营性项目铺底流动资金概算等汇总编制而成。故本题选 ABCD。

73. ABDE【解析】本题考核的是《建设工程工程量清单计价规范》（GB 50500—2013）中对暂列金额的规定。暂列金额是指招标人在工程量清单中暂定并包括在合同价款中的一笔款项。用于工程合同签订时尚未确定或者不可预见的所需材料、工程设备、服务的采购，施工中可能发生的工程变更、合同约定调整因素出现时的合同价款调整以及发生的索赔、现场签证等确认的费用。已签约合同价中的暂列金额由发包人掌握使用。发包人按照合同的规定做出支付后，如有剩余，则暂列金额余额归发包人所有。故本题选 ABDE。

74. ACD【解析】投标人的投标报价不得低于工程成本。暂列金额应按照招标工程量清单中列出的金额填写，不得变动。故本题选 ACD。

75. BC【解析】成本加成合同的结果能够可靠估计，应同时具备下列条件：（1）与合同相关的经济利益很可能流入企业；（2）实际发生的合同成本能够清楚地区分和可靠地计量。选项A、D两项属于固定造价合同的结果能够可靠地估计必须满足的条件；选项E属于确认奖励款收入必须满足的条件之一。故本题选BC。

76．ABD【解析】合同履行期间，因人工、材料、工程设备、机械台班价格波动影响合同价款时，应根据合同约定的方法（如价格指数调整法或造价信息差额调整法）计算调整合同价款。故本题选ABD。

77．AC【解析】本题主要考核的内容是对资产负债率、速动比率以及流动比率的理解。从企业所有者和经营者角度来看，通常希望该指标高些，有利于利用财务杠杆增加所有者获利能力。但资产负债率过高，企业财务风险也增大。因此，一般地说，该指标为50%比较合适，有利于风险与收益的平衡。对于流动比率来说，通常认为生产性行业合理的最低流动比率为 2，并不是要求企业的财务指标必须维持在这个水平。如果流动比率过高，则要检查其原因，是否是资产结构不合理造成的，或者是募集的长期资金没有尽快投入使用，或者是其他原因。速动比率为1说明企业有偿债能力，低于1则说明企业偿债能力不强，该指标越低，企业的偿债能力越差。故本题选AC。

78．CE【解析】选项A指的是设备的经济寿命；选项B设备的技术寿命一般短于设备的自然寿命；选项D设备的技术寿命主要是由设备的无形磨损决定的。故本题选CE。

79．ACDE【解析】影响国际工程投标报价决策的因素主要有成本估算的准确性、期望利润、市场条件、竞争程度、公司的实力与规模。此外，在投标报价决策时，还应考虑风险偏好的影响。故本题选ACDE。

80．ADE【解析】工程成本核算对象是指在成本核算时所选择的施工生产费用的归集目标，即建筑产品工程成本的承担者。成本核算对象确定方法主要有：（1）以单项建造（施工）合同作为施工工程成本核算对象；（2）对合同分立以确定施工工程成本核算对象；（3）对合同合并以确定施工工程成本核算对象。故本题选ADE。

2017版全国一级建造师执业资格考试
《建设工程经济》
模拟试卷（六）参考答案及解析

一、单项选择题

1. C【解析】建设单位管理费以建设投资中的工程费用为基数乘以建设单位管理费费率。其计算公式为：建设单位管理费=工程费用×建设单位管理费费率。工程费用是指建筑安装工程费用和设备及工器具购置费用之和。故本题选C。

2. C【解析】速动比率是指企业的速动资产与流动负债之间的比率关系，反映企业的短期偿债能力。经验认为，速动比率为1就说明企业有偿债能力，低于1则说明企业偿债能力不强，该指标越低，企业的偿债能力越差。故本题选C。

3. B【解析】按照《建设工程工程量清单计价规范》(GB 50500—2013)的规定，单价合同工程计量的一般程序如下：承包人应当按照合同约定的计量周期和时间向发包人提交当期已完工程量报告。发包人应在收到报告后7天内核实，并将核实计量结果通知承包人。发包人未在约定时间内进行核实的，则承包人提交的计量报告中所列的工程量应视为承包人实际完成的工程量。故本题选B。

4. C【解析】两笔价值相等的资金，只要利率不变，则在任何时刻的价值必然相等。故本题选C。

5. D【解析】价值工程与一般的投资决策理论不同。一般的投资决策理论研究的是项目的投资效果，强调的是项目的可行性，而价值工程是研究如何以最少的人力、物力、财力和时间获得必要功能的技术经济分析方法，强调的是产品的功能分析和功能改进。故本题选D。

6. C【解析】加权平均资金成本，是指企业以个别资金成本为基数，以各种来源资本占全部资本的比重为权数计算以各种方式筹集的全部长期资金的总成本。该企业加权平均的资金成本=60/200×6%+20/200×12%+80/200×15.5%+40/200×15%=12.2%。故本题选C。

7. D【解析】工程计量的原则包括：按合同文件中约定的方法进行计量；按承包人在履行合同义务过程中实际完成的工程量计算；对于不符合合同文件要求的工程，承包人超出施工图纸范围或因承包人原因造成返工的工程量，不予计量；若发现工程量清单中出现漏项、工程量计算偏差以及工程变更引起工程量的增减变化，应据实调整，正确计量。而成本加酬金合同应按单价合同的规定计量，但不属于工程计量的原则。故本题选D。

8. D【解析】分部分项工程量清单项目编码以五级编码设置，用十二位阿拉伯数字表示。第一级分二位，第二级分二位，第三级分二位，第四级分三位，第五级分三位。其中一级、二级、三级、四级编码为全国统一；第五级编码由工程量清单编制人根据不同的清单项目特征而分别编制。故本题选D。

9. B【解析】当初步设计深度不够，不能准确地计算工程量，但工程设计采用的技术比较成熟而又有类似工程概算指标可以利用时，可以采用概算指标法编制工程概算。概算指标法将拟建厂房、住宅的建筑面积或体积乘以技术条件相同或基本相同的概算指标而得出人、料、机费用，然后按规定计算出企业管理费、利润、规费和税金等。概算指标法计算精度较低，但由于其编制速度快，因此对一般附属、辅助和服务工程等项目以及住宅和文化福利工程项目或投资比较小、比较简单的工程项目投资概算有一定实用价值。故本题选B。

10. B【解析】经济效果评价的程序：(1)熟悉技术方案的基本情况，包括投资目的、意义、要求、建设条件和投资环境，做好市场调查研究和预测、技术水平研究和设计方案；(2)收集、整理和计算有关技术经济基础数据资料与参数；(3)根据基础财务数据资料编制各基本财务报表；(4)经济效果评价。故本题选B。

11. B【解析】本题需要掌握当技术方案实施后各年的净收益不相同时，根据累计净现金流量计算静态投资回收期的方法。

本题中的建设项目现金流量表如下。

建设项目现金流量表　　单位：万元

计算期	1	2	3	4	5	6	7	8	9	10
净现金流量	−4 800	1 200	1 500	1 600	1 600	1 600	1 600	1 600	1 600	1 600
累计净现金流量	−4 800	−3 600	−2 100	−500	1 100	2 700	4 300	5 900	7 500	9 100

静态投资回收期=（累计净现金流量第一次出现正数的年份数−1）+累计净现金量；第一次出现正数之前一年的累计净现金流量的绝对值/累计净现金流量第一次出现正数之年的净现金流量$=(5-1)+\frac{|-500|}{1600}=4.31$（年）。故本题选B。

12. D【解析】本题考核的是投资收益率指标中的资本金净利润率的计算。

资本金净利润率=年净利润/资本金×100%。

(1)先计算息税前利润：因为总投资收益率=息税前利润/总投资×100%；所以息税前利

润=总投资收益率×总投资=12%×2 500=300（万元）。

（2）计算净利润=息税前利润-利息-所得税=300-60-38=202（万元）。

（3）计算资本金净利润率=202/1 500=13.47%。故本题选 D。

13. C【解析】年固定成本=70+260+80+30+110=550（万元/年），年变动成本=3 700+220=3 920（万元/年），单位产品变动成本=3 920/8=490（元/套）；则盈亏平衡生产能力利用率=550/[（600−490）×8]=62.5%。故本题选 C。

14. A【解析】此题考核的是临界点。临界点是指技术方案允许不确定因素向不利方向变化的极限值，超过极限，技术方案的经济效果指标将不可行。

产品价格、经营成本、寿命期、投资的临界点为−30%、50%、−80%、120%。临界点（绝对值）越低，说明该因素对方案评价指标影响越大，方案对该因素的变化就越敏感。故本题选 A。

15. C【解析】掌握 FNPV 的计算利用现值系数的计算方法。

计算公式：财务净现值（FNPV）=现金流入现值之和−现金流出现值之和

FNPV=260×（P/A，10%，6）×（P/F，10%，2）−400×（P/A，10%，2）

=260×4.355 3×0.826 4−400×1.735 5=241.597（万元）。故本题选 C。

16. C【解析】技术方案评价中的总投资是建设投资、建设期利息和流动资金之和。该技术方案的总投资=5 500+500+2 000×［(1+9%)^3−1］=6 590（万元）。故本题选 C。

17. C【解析】具体内容如下图所示。故本题选 C。

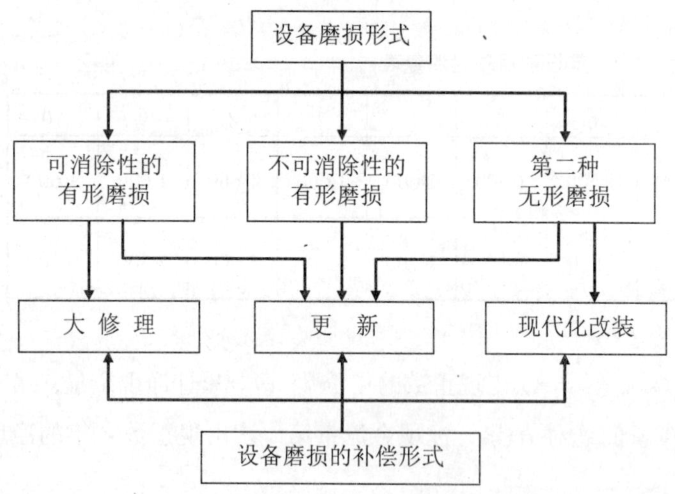

18. B【解析】本题考核的是设备经济寿命的计算。

$N_0=\sqrt{\dfrac{2\times(P-L_N)}{\lambda}}=\sqrt{\dfrac{2\times(7\,500-800)}{200}}\approx 8$（年）。故本题选 B。

19. B【解析】(1) 如果旧设备继续使用 1 年的年平均使用成本低于新设备的年平均使用成本，即$\overline{C}_N$（旧）＜$\overline{C}_N$（新），此时，不更新旧设备，继续使用旧设备 1 年。

(2) 当新旧设备方案出现：$\overline{C}_N$（旧）＞$\overline{C}_N$（新），此时，应更新现有设备，这即是设备更新的时机。

总之，以经济寿命为依据的更新方案比较，使设备都使用到最有利的年限来进行分析。故本题选 B。

20. B【解析】对产品进行价值分析，就是使产品每个构配件的价值系数尽可能趋近于 1。为此，确定的改进对象是：(1) F_1/C_1 值低的功能计算出来的 $V_1<1$ 的功能区域，基本上都应进行改进，特别是 V_1 值比 1 小得较多的功能区域，力求使 V_1=1。(2) ΔC_1=（C_1-F_1）值大的功能 $\triangle C_1$ 是成本降低期望值，也是成本应降低的绝对值。当 n 个功能区域的价值系数同样低时，就要优先选择 ΔC_1 数值大的功能区域作为重点对象。(3) 复杂的功能区域，说明其功能是通过很多构配件（或作业）来实现的，通常复杂的功能区域其价值系数也较低。(4) 问题多的功能。故本题选 B。

21. D【解析】发包人认为需要进行现场计量核实时，应在计量前 24 小时通知承包人，承包人应为计量提供便利条件并派人参加。当双方均同意核实结果时，双方应在上述记录上签字确认。故本题选 D。

22. B【解析】改进型是指在产品成本不变的条件下，通过改进设计，提高产品的功能，提高利用资源的成果或效用（如提高产品的性能、可靠性、寿命、维修性），增加某些用户希望的功能等，达到提高产品价值的目的。例如：人防工程，若仅仅考虑战时的隐蔽功能，平时闲置不用，将需要投入大量的人力、财力予以维护。若在设计时，考虑战时能发挥隐蔽功能，平时能发挥多种功能，则可将人防工程利用为地下商场、地下停车场等。这些都大大提高了人防工程的功能，并增加了经济效益。故本题选 B。

23. A【解析】新技术方案的增量投资收益率 $R_{(2-1)}$=（C_1-C_2）/（I_1-I_2）×100%=（30−25）/（150−100）=5/50=10%。所以当基准收益率小于 10%时，新方案在技术上是可行的。故本题选 A。

24. D【解析】权责发生制要求凡是当期已经实现的收入和已经发生或应当负担的费用，无论款项是否收付，都应当作为当期的收入和费用，计入利润表；凡是不属于当期的收入和费用，即使款项已在当期收付，也不应作为当期的收入和费用。故本题选 D。

25. B【解析】由于不考虑租赁保证金和担保费的资金时间，且租赁保证金在租赁期届满时退还，所以年租赁费用由年租金和平均担保费构成。年租赁费=年租金+年平均担保费=（75/5+75×10%+75×4%）+5/5=26.5（万元）。故本题选 B。

26. C【解析】资本性支出是指某项效益及几个会计年度（或几个营业周期）的支出，如企业购置和建造固定资产、无形资产及其他资产的支出、长期投资支出等，对于这类支出应予以资本化，而不能作为当期的费用。因此，本题中企业支付的设备价款等属于资本性支出。故本题选 C。

27. B【解析】销售商品收入的确认应符合下列条件：（1）企业已将商品所有权上的主要风险初报酬转移给购货方；（2）企业既没有保留通常与所有权相联系的继续管理权，也没有对已售出的商品实施有效控制；（3）收入的金额能够可靠地计量；（4）相关的经济利益很可能流入企业；（5）相关的已发生或将发生的成本能够可靠地计量。选项 A、D 两种情形下，没有交货说明销货方还继续保留与所有权相联系的继续管理权，商品销售收入不能确认；选项 C，价格没有确定，收入不能可靠地计量，也不能予以确认。故本题选 B。

28. B【解析】施工企业的期间费用主要包括销售费用、管理费用和财务费用。本题中差旅费和投标费属于期间费用中的管理费用。故本题选 B。

29. C【解析】经营活动的现金流量主要包括：（1）销售商品、提供劳务收到的现金；（2）收到的税费返还；（3）收到其他与经营活动有关的现金；购买商品、接受劳务支付的现金；（4）支付给职工以及为职工支付的现金；（5）支付的各项税费；（6）支付其他与经营活动有关的现金。故本题选 C。

30. D【解析】所谓分解计量法，就是将一个项目，根据工序或部位分解为若干子项，对完成的各子项进行计量支付。这种计量方法主要是为了解决一些包干项目或较大的工程项目的支付时间过长，影响承包人的资金流动等问题。故本题选 D。

31. C【解析】筹资费用是指在资金筹集过程中支付的各项费用，如银行的借款手续费，发行债券支付的印刷费、代理发行费、律师费、公证费、广告费等。股票的股利属于资金使用费。故本题选 C。

32. A【解析】现金收支管理的目的在于提高现金使用效率，为达到这一目的，应当注意做好以下几个方面的工作：（1）力争现金流量同步；（2）使用现金浮游量；（3）加速收款；（4）推迟应付款的支付。故本题选 A。

33. D【解析】该企业煤炭的经济采购量 $Q^*=\sqrt{\frac{2K\times D}{K_2}}=\sqrt{\frac{2\times 3\,000\times 1\,200}{80}}=300$（吨）。故本题选 D。

34. B【解析】本题考核的是建设期利息的计算。各年应计利息=（年初借款本息累计+本年借款额/2）×年利率，本题的计算过程如下：第 1 年应计利息=1/2×960/2×6%=14.4（万元）；第 2 年应计利息=(480+14.4+1/2×480)× 6%=44.06(万元)；该项目建设期利息=14.4+44.06=58.46（万元）。故本题选 B。

35. B【解析】设备运杂费根据设备采购来源不同，其运输费的运输区间有所区别，进口设备由我国到岸港口、边境车站起至工地仓库（或施工组织设计指定的需要安装设备的堆放地点）止所发生的运费和装卸费。故本题选 B。

36. D【解析】经常修理费是指施工机械除大修理以外的各级保养和临时故障排除所需的费用。它包括为保障机械正常运转所需替换设备与随机配备工具附具的摊销和维护费用，机械运转中日常保养所需润滑与擦拭的材料费用及机械停滞期间的维护和保养费用等。大修理费是指施工机械按规定的大修理间隔台班进行必要的大修理，以恢复其正常功能所需的费用。故本题选 D。

37. C【解析】大修理次数=大修周期−1= 4 000/800 −1=4（次）。台班大修理费=（一次大修理费×大修理次数）/耐用总台班数=4 000×4/4 000 =4（元/台班）。故本题选 C。

38. A【解析】安全文明施工费的计算公式为：安全文明施工费−计算基数×安全文明施工费费率，计算基数应为定额基价（定额分部分项工程费+定额中可以计量的措施项目费）、定额人工费或定额人工费+定额机械费，其费率由工程造价管理机构根据各专业工程的特点综合确定。根据题意，该施工项目的安全文明施工费以人工费和机械费为计算基础，则安全文明施工费=（人工费+机械费）×费率=（450 +300）×2% =15（万元）。故本题选 A。

39. D【解析】总承包服务费是指总承包人为配合、协调建设单位进行的专业工程发包，对建设单位自行采购的材料，工程设备等进行保管以及施工现场管理、竣工资料汇总整理等服务所需的费用。总承包服务费由建设单位在招标控制价中根据总包服务范围和有关计价规定编制，施工企业投标时自主报价，施工过程中按签约合同价执行。故本题选 D。

40. A【解析】预算定额中人工消耗量指标包括完成该分项工程必需的各种用工量。其具体包括：（1）基本用工，指完成分项工程的主要用工量。例如，砌筑各种墙体工程的砌砖、调制砂浆以及运输砖和砂浆的用工量。（2）其他用工，是辅助基本用工消耗的工日。按其工作内容不同又分 3 类：①超运距用工。指超过人工定额规定的材料、半成品运距的用工。②辅助用工。指材料需在现场加工的用工，如筛砂子、淋石灰膏等增加的用工量。③人工幅度差用工。指人工定额中未包括的，而在一般正常施工情况下又不可避免的一些零星用工。故本题选 A。

41. C【解析】预算定额是以建筑物或构筑物各个分部分项工程为对象编制的定额。预算定额是以施工定额为基础综合扩大编制的，同时也是编制概算定额的基础。故本题选 C。

42. D【解析】利润分配是指企业按照国家的有关规定，对当年实现的净利润和以前年度未分配的利润所进行的分配。故本题选 D。

43. B【解析】损失时间中，停工时间是工作班内停止工作造成的工时损失，按其性质可分为施工本身造成的停工时间和非施工本身造成的停工时间两种。水源、电源中断引起的停工时间是非施工本身造成的停工时间，定额应给予合理考虑。故本题选 B。

44. C【解析】按每吨设备安装费的概算指标计算，设备安装费=设备总吨数×每吨设备安装费=10 ×100=1 000（元）。故本题选 C。

45．B【解析】分组计算审查法就是把预算中有关项目按类别划分若干组，利用同组中的一组数据审查分项工程量的一种方法。这种方法首先将若干分部分项工程按相邻且有一定内在联系的项目进行编组，利用同组分项工程间具有相同或相近计算基数的关系，审查一个分项工程数据，由此判断同组中其他几个分项工程的准确程度。如一般的建筑工程中将底层建筑面积可编为一组。先计算底层建筑面积或楼（地）面面积，从而得知楼面找平层、天棚抹灰的工程量等，依次类推。该方法特点是审查速度快、工作量小。故本题选 B。

46．B【解析】本题考核的是设计概算的编制方法。根据“换入”（设计规定）与“换出”（概算指标）部分的差异，每 100 m^2 建筑面积的差价=（1 170+630）−（960+900）=−60 元；于是，调整后的概算指标值（单位面积三费）=（850−60）/100=849.40 元/m^2。故本题选 B。

47．B【解析】建设工程项目设计概算是设计文件的重要组成部分，是确定和控制建设工程项目全部投资的文件，是编制固定资产投资计划、实行建设项目投资包干、签订承发包合同的依据，是签订贷款合同、项目实施全过程造价控制管理以及考核项目经济合理性的依据。如果设计概算值超过控制额，必须修改设计或重新立项审批；设计概算批准后不得任意修改和调整；如需修改或调整时，须经原批准部门重新审批；设计概算应考虑建设项目施工条件等因素对投资的影响；设计概算由项目设计单位负责编制，并对其编制质量负责。故本题选 B。

48．A【解析】杜邦财务分析体系，简称杜邦分析，是利用各主要财务比率指标之间的内在联系对企业财务状况和经营成果进行综合系统评价的方法。该体系是以净资产收益率为核心指标，以总资产净利率和权益乘数为两个方面，重点揭示企业获利能力及权益乘数对净资产收益率的影响，以及各相关指标之间的相互作用关系。因其最初由美国杜邦公司成功应用，所以得名。故本题选 A。

49．C【解析】施工图预算对建设单位的作用包括：（1）施工图预算是施工图设计阶段确定建设工程项目造价的依据，是设计文件的组成部分。（2）施工图预算是建设单位在施工期间安排建设资金计划和使用建设资金的依据。（3）施工图预算是招投标的重要基础，既是工程量清单的编制依据，也是标底编制的依据。故本题选 C。

50．D【解析】招标文件中的工程量清单标明的工程量是招标人编制招标控制价和投标人投标报价的共同基础，它是工程量清单编制人按施工图图示尺寸和工程量清单计算规则计算得到的工程净量。故本题选 D。

51．D【解析】《计价规范》明确规定，清单计价采用不完全费用综合单价法，投标人根据掌握的各种市场信息（包括人工、材料、机械价格等），施工经验，结合企业自身的工、机、料消耗（即企业定额），考虑风险因素等对工程量清单计价格式中列明的所有需要填报的单价和合价，均应填报。未填报的单价和合价，招标人视为此项费用已包含在工程量清单的其他单价和合价中。故本题选 D。

52．C【解析】本题考核的是清单计价综合单价的计算方法。计算步骤如下：（1）该土方工程的总价为：76 000+18 000+8 000=102 000（元）；（2）综合单价为：102 000/2 500=40.80（元）。故本题选 C。

53．C【解析】435/410−1=6.10%投标单价低于基准单价，施工期间材料单价涨幅以基准单价算，已超过的风险系数，应予调整。400+410×（6.10%−5%）=404.5（元）。故本题选 C。

54．C【解析】对常规技术方案，财务内部收益率其实质就是使技术方案在计算期内各年净现金流量的现值累计等于零时的折现率。财务内部收益率计算出来后，与基准收益率进行比较。若 FIRR≥i_c，则技术方案在经济上可以接受；若 FIRR＜i_c，则技术方案在经济上应予拒绝；对于具有非常规现金流量的技术方案来讲，其财务内部收益率在某些情况下甚至不存在或存在多个内部收益率；财务内部收益率（FIRR）指标的大小不受外部参数影响，完全取决于技术方案投资过程净现金流量的情况。故本题选 C。

55．C【解析】制定人工定额通常有四种方法：（1）技术测定法；（2）统计分析法；（3）比较类推法；（4）经验估计法。对于同类型产品规格多、工序重复、工作量小的施工过程，常用比较类推法。采用此法制定定额是以同类型工序和同类型产品的实耗工时为标准，类推出相似项目定额水平的方法。故本题选 C。

56．C【解析】实行清单计价时，实际工程量与估计工程量差别较大时，应调整合同单价，这是单价合同的一般原则，背景明确了此类原因可以调整单价并约定了单价调整的方法。背景中，实际工程量与估计工程量差别为 13.3%，超过 10%，并且是减少工程量，根据常规情况，工程量减少，应调高单价，即调价系数应取 1．1，总价=2 600×200×1.1=572 000=57.2（万元）。故本题选 C。

57．B【解析】因不可抗力事件导致的人员伤亡、财产损失及其费用增加，发承包双方应按以下原则分别承担并调整合同价款和工期：（1）合同工程本身的损害、因工程损害导致第三方人员伤亡和财产损失以及运至施工场地用于施工的材料和待安装的设备的损害，由发包人承担；（2）发包人、承包人人员伤亡由其所在单位负责，并应承担相应费用；（3）承包人的施工机械设备损坏及停工损失，应由承包人承担；（4）停工期间，承包人应发包人要求留在施工场地的必要的管理人员及保卫人员的费用，应由发包人承担；（5）工程所需清理、修复费用，应由发包人承担。不可抗力解除后复工的，若不能按期竣工，应合理延长工期。发包人要求赶工的，赶工费用应由发包人承担。故本题选 B。

58．C【解析】参数法计价是指按一定的基数乘系数的方法或自定义公式进行计算。这种方法简单明了，但最大的难点是公式的科学性、准确性难以把握。这种方法主要适用于施工过程中必须发生，但在投标时很难具体分项预测，又无法单独列出项目内容的措施项目。如夜间施工费、二次搬运费、冬雨期施工的计价均可以采用该方法。故本题选 C。

59. B【解析】发包人应在签发进度款支付证书后的 14 天内，按照支付证书列明的金额向承包人支付进度款。若发包人逾期未签发进度款支付证书，则视为承包人提交的进度款支付申请已被发包人认可，承包人可向发包人发出催告付款的通知。发包人应在收到通知后的 14 天内，按照承包人支付申请的金额向承包人支付进度款。进度款的支付比例按照合同约定，按期中结算价款总额计，不低于 60%，不高于 90%。则本题中，应支付的进度款不低于 120 万元，（200×60%），不高于 180 万元（200×90%）。故本题选 B。

60. C【解析】对一些招标文件，如果发现工程范围不很明确，条款不清楚或很不公正，或技术规范要求过于苛刻时，可在充分估计投标风险的基础上，按多方案报价法处理。即先按原招标文件报一个价，然后再提出："如某条款作某些变动，报价可降低多少……"，报一个较低的价。故本题选 C。

二、多项选择题

61. ABE【解析】（1）国有资金投资的建设工程招标，招标人必须编制招标控制价。（2）招标控制价超过批准的概算时，招标人应将其报原概算审批部门审核。（3）投标人的投标报价高于招标控制价的，其投标应予以拒绝。（4）招标控制价应由具有编制能力的招标人或受其委托具有相应资质的工程造价咨询人编制和复核。（5）招标控制价应在招标文件中公布，不应上调或下浮，招标人应将招标控制价及有关资料报送工程所在地工程造价管理机构备查。故本题选 ABE。

62. AB【解析】借款利息的支付方法。一般来讲，借款企业可以用三种方法支付银行贷款利息：（1）收款法是在借款到期时向银行支付利息的方法。（2）贴现法是银行向企业发放贷款时，先从本金中扣除利息部分，而到期时借款企业则要偿还贷款全部本金的一种计息方法。（3）加息法是银行发放分期等额偿还贷款时采用的利息收取方法。题目中第 1 家银行采用的是收款法，第 2 家银行采用的是贴现法。故本题选 AB。

63. AC【解析】设备购置费=设备原价或进口设备抵岸价+设备运杂费。式中，设备原价是指国产标准设备、国产非标准设备的原价。故本题选 AC。

64. AB【解析】甲、乙两方案以一年为资金收付期时，甲方案的有效利率=$(1+8\%/4)^4-1$=8.24%，乙方案的有效利率=$(1+8\%/2)^2-1$=8.16%；以半年为资金收付期时，甲方案的有效利率=$(1+8\%/4)^2-1$=4.04%，乙方案的有效利率为 4%。故本题选 AB。

65. ABCE【解析】赶工费用主要包括：（1）人工费的增加，例如新增加投入人工的报酬，不经济使用人工的补贴等；（2）材料费的增加，例如可能造成不经济使用材料而损耗过大，材料提前交货可能增加的费用、材料运输费的增加等；（3）机械费的增加，例如可能增加机械设备投入，不经济的使用机械等。故本题选 ABCE。

66. BC【解析】本题考核的是技术方案的指标的判别。A 项目的寿命期完了还不能把投资给收回来，方案不可行。技术方案的判别，财务内部收益率与基准收益率比较，财务净现值与 0 比较。故本题选 BC。

67. ABCE【解析】承包人应根据办理的竣工结算文件向发包人提交竣工结算款支付申请。申请应包括内容：竣工结算合同价款总额；累计已实际支付的合同价款；应预留的质量保证金；实际应支付的竣工结算款金额。故本题选 ABCE。

68. BCE【解析】工程建设其他费中的保险费即工程保险费，是指建设工程项目在建设期间根据需要对建筑工程、安装工程、机器设备和人身安全进行投保而发生的保险费用。其包括建筑安装工程一切险、进口设备财产保险和人身意外伤害险等，不包括已列入施工企业管理费中的施工管理用财产、车辆保险费。故本题选 BCE。

69. CE【解析】投资各方现金流量表是分别从技术方案各个投资者的角度出发，以投资者的出资额作为计算的基础，用以计算技术方案投资各方财务内部收益率。现金流出项目有实缴资本、租赁资产支出、其他现金流出。故本题选 CE。

70. ABCE【解析】暂列金额和暂估价都是不得变动的；工伤保险费属于规费，必须按国家或省级、行业建设主管部门规定的标准计算，不得作为竞争性费用。措施项目中的安全文明施工费也是按国家或省级、行业建设主管部门规定的标准计算，不得作为竞争性费用。故本题选 ABCE。

71. AB【解析】分部分项工程费=Σ 分部分项工程量×相应分部分项综合单价。其中，综合单价是指完成一个规定计量单位的分部分项工程量清单项目或措施清单项目所需的人工费、材料费、施工机具使用费和企业管理费与利润，以及一定范围内的风险费用。故本题选 AB。

72. ABCD【解析】在分析企业盈利能力时，应当排除以下项目：（1）证券买卖等非正常经营项目；（2）已经或将要停止的项目；（3）重大事故或法律更改等特别项目；（4）会计准则或财务制度变更带来的累计影响等因素。故本题选 ABCD。

73. ADE【解析】本题考核的是设计概算的审查内容。在备选答案中，选项 B、C 分别对应的是查询核实法和联合会审法。故本题选 ADE。

74. BC【解析】选项 A 错，措施项目费=Σ 措施项目工程量×措施项目综合单价+Σ 单项措施费；选项 D 错误，单位工程造价=分部分项工程费+措施项目费+其他项目费+规费+税金；选项 E 错误，建设项目总造价=Σ 单项工程造价。故本题选 BC。

75. ACE【解析】设备单位台班小时折旧额：固定资产原值×（1−预计净残值率）/总工作台班= 30 000×（1−5%）/500=57（元），第 1 年年折旧额=200×57=11 400（元），第 2 年年折旧额= 150×57=8 550（元），第 3 年年折旧额=150×57=8 550（元），第 2、第 3 年的月折旧额相等，均为 8 850/12=712.5（元）。故本题选 ACE。

76. BD【解析】累计实际发生的合同成本不包括施工中尚未安装或使用的材料成本等与合同未来活动相关的合同成本，也不包括在分包工程的工作量完成之前预付给分包单位的款项。第1年实际发生合同成本=750−50=700（万元），总的合同成本为750+1 750=2 500（万元），第1年的完工进度=第1年实际发生的合同收入/合同预计总成本=700/2500=28%；第2年的完工进度=合同总收入×完工进度−以前会计期间累计已确认的收入=3 000×75%−3 000×28%=1 410（万元）。故本题选BD。

77. ABD【解析】资产满足下列条件之一的，应当归类为流动资产：(1) 预计在一个正常营业周期中变现、出售或耗用。(2) 主要为交易目的而持有。(3) 预计在资产负债表日起一年内（含一年）变现。(4) 自资产负债表日起一年内（含一年），交换其他资产或清偿负债的能力不受限制的现金或现金等价物。如现金、银行存款、应收款项、短期投资、存货等。故本题选ABD。

78. ABDE【解析】施工图预算的编制依据应包括下列内容：(1) 国家、行业和地方有关规定；(2) 相应工程造价管理机构发布的预算定额；(3) 施工图设计文件及相关标准图集和规范；(4) 项目相关文件、合同、协议等；(5) 工程所在地的人工、材料、设备、施工机械市场价格；(6) 施工组织设计和施工方案；(7) 项目的管理模式、发包模式及施工条件；(8) 其他应提供的资料。故本题选ABDE。

79. AE【解析】选项B不正确，总价措施项目是以"项"为计量单位，单价措施项目就不是以项为计量单位。选项C不正确，除另有说明外，所有清单项目的工程量以实体工程量为准，并以完成后的净值来计算。选项D不正确，暂估价是指招标人在工程量清单中提供的用于支付必然发生但暂时不能确定价格的材料价款、工程设备价款以及专业工程金额。故本题选AE。

80. BCDE【解析】施工机械台班使用定额也称施工机械台班消耗定额，是指施工机械在正常施工条件下完成单位合格产品所必需的工作时间。拟定机械工作的正常施工条件，包括：(1) 工作地点的合理组织；(2) 施工机械作业方法的拟定；(3) 确定配合机械作业的施工小组的组织；(4) 机械工作班制度。故本题选BCDE。